La justice restaurative au bénéfice des mineurs

Une utopie en marche

Collection Controverses
dirigée par Robert Cario

Les ***Controverses*** rassemblent de courts essais sur des questions majeures de la connaissance scientifique dans le champ criminologique. En pointant leurs contradictions, (re)découvertes et zones d'ombre, les réflexions participent à une meilleure compréhension de la complexité des conduites humaines.
Quatre séries complètent la Collection : ***Traité de sciences criminelles ; Criminologie***, ***Sciences criminelles*** et ***Champ pénitentiaire***.

Derniers ouvrages parus

R. Cario (Dir.), Les rencontres détenus-victimes : l'humanité retrouvée
F. Rognon, Brice Deymié, Punir, restaurer, guérir
G. Arandel, Pour une criminologie interculturelle. Ethnoprobation
R. Cario, La justice restaurative en France. Une utopie créatrice et rationnelle
J.-L. de la Cuesta, I. German, La justice restaurative en Espagne
R. Cario, Grandeurs et vicissitudes de la justice restaurative en France

Traité de sciences criminelles
2.1. R. Cario, Victimologie. De l'effraction du lien intersubjectif à la restauration sociale (4e éd. 2012)
2.2. R. Cario, Sylvie Ruiz-Vera, Droit(s) des victimes. De l'oubli à la reconnaissance (2015)
8. R. Cario, C. Rossi, Justice restaurative. Principes et promesses (Nouvelle édition, 2021)

Criminologie
M. Herzog-Evans, Le Juge de l'application des peines : Monsieur Jourdain de la désistance
J. Motte dit Falisse, F. Ludwiczak (Dir.), De la récidive et du pardon
C. Trotter, Le suivi des usagers involontaires
S. Charbonneau, C. Rossi, La médiation relationnelle. Rencontres de dialogue et justice réparatrice

Sciences criminelles
H. Arbousset et al. (Dir.), Risques, accidents et catastrophes. Liber amicorum en l'honneur de Marie-France Steinlé-Feuerbach
V. Koum Dissake, Le mémoricide

Série Champ pénitentiaire
S. Jacopin, J.M. Larralde (Dir.), Le droit aux visites des personnes incarcérées
R. Chazot, F. Violet, La souffrance en prison

Juliette Gagneur

La justice restaurative au bénéfice des mineurs

Une utopie en marche

Préface de Robert Cario

L'Harmattan

5-7, rue de l'Ecole-Polytechnique, 75005 Paris
http://www.editions-harmattan.fr
ISBN : 978-2-14-030948-9
EAN : 9782140309489

« Ce n'est pas parce que les choses sont difficiles
que nous n'osons pas,
c'est parce que nous n'osons pas
qu'elles sont difficiles »

Sénèque

REMERCIEMENTS

Je tiens tout d'abord à profondément remercier Robert Cario, pour la confiance qu'il m'a accordée, son implication et son soutien sans faille, pour m'avoir transmis ses connaissances et celles de l'IFJR, son engagement, et sa foi en la justice restaurative. Qu'il soit aussi vivement remercié pour m'avoir accompagnée tout le long de mon mémoire puis de l'écriture de cet ouvrage et enfin pour avoir transformé la vision de mon métier d'éducatrice, de mon avenir professionnel et de la Justice.

Mes sincères remerciements à Madame Jessica Filippi, chercheure en criminologie à l'ENPJJ et chercheure collaboratrice à l'Université Libre de Bruxelles au Centre de la Pénalité, de la Sécurité et des Déviances. Elle m'a beaucoup inspirée, prodigué des conseils avisés, offert tout son soutien, accordé sa disponibilité et sa bienveillance.

Un grand merci aux chercheurs qui m'ont écoutée et m'ont conseillée : Lode Walgrave et Inge Vanfraechem. Je suis honorée d'avoir eu la chance d'échanger avec eux.

Je remercie chaleureusement et je salue tous les membres du Centre Gacep de Belgique, qui m'ont si bien accueillie, transmis sans hésiter et avec gentillesse toutes leurs connaissances pratiques et théoriques, et qui m'ont donné de l'espoir, car ils ont cru en mon projet.

Merci enfin à tous les membres de ma famille pour m'avoir encouragée et soutenue, à mes amis, ainsi qu'à Christine, Marlène et Catherine.

PRINCIPALES ABRÉVIATIONS

Adde................	Ajouter
A.J.pénal..........	Actualité Juridique pénal
Al.....................	Alinéa
A.R.C.A...........	Assoc.de recherche en criminologie appliquée
Art.	Article
BEX.................	Bureau de l'exécution des peines
Bull. crim.........	Bulletin des arrêts de la Cour de cassation (Chambre Criminelle)
C.A.	Cour d'appel
C. Ass.	Cour d'assises
Cass.	Cour de cassation
C.D.P.C.	Comité européen des problèmes criminels
C.E.	Conseil de l'Europe
C.E.D.H.	Cour européenne des droits de l'homme
C.E.S.D.H.	Convention européenne de sauvegarde des droits de l'homme et des libertés fondamentales
Cf....................	Confer
C.G.F./F.G.C.	Conférence du groupe familial / Family group conferencing
Chap.	Chapitre
Chron...............	Chronique
C.I.V.I.............	Commission d'indemnisation des victimes d'infractions
C.P.I.P.	Conseiller pénitentiaire d'insertion et de probation
C.N.A.V.	Conseil National de l'aide aux victimes
C.N.I.D.F.F......	Centre national d'information et de documentation des femmes et des familles
C.N.I.L.	Commission Nationale de l'Informatique et des libertés
C.N.P.D/R.	Conseil national de prévention de la délinquance et de la radicalisation
Coll..................	Collection
Comp...............	Comparez
Contra.............	Solution contraire
C.P...................	Code pénal
C.pr.pén. (CPP)	Code de procédure pénale
C.P.I.	Cour pénale internationale
C.P.T.	Comité européen pour la prévention de la torture

C.R.G.	Concertation restauratrice en groupe
C.S.J.R.............	Centre de Services de justice réparatrice Montréal
D......................	Recueil Dalloz
Dr. pén.............	Droit pénal (revue)
Dév. et soc./D.S.	Déviance et société (revue)
E.N.A.P.	École Nationale d'Administration pénitentiaire
E.N.P.J.J	École nationale de la protection judiciaire de la jeunesse
E.N.M.............	École nationale de la magistrature
Eod. loc.	Eodem loco, même référence, même endroit
EPCVM...........	Enquêtes permanentes sur les conditions de vie des ménages / Insee
G.A.C.E.P.........	Centre Guidance d'actions compensatrices, Éducatives et Probatoires
Gaz.pal.	Gazette du Palais
HALDE...........	Haute autorité de lutte contre les discriminations et pour l'égalité
Ibid.	Ibidem, même référence
IFJR.................	Institut français pour la justice restaurative
IHESI/INHESJ	Institut national des hautes études de la sécurité et de la justice
I.J.C	International journal on criminology
I.N.A.V.E.M....	Institut national d'aide aux victimes et de médiation/France-Victimes
Infra................	Ci-dessous
I.N.S.E.E.	Institut national de la statistique et des études économiques
JCP / S.J.	La semaine juridique
J.A.P...............	Juge de l'application des peines
J.D.J................	Journal du droit des jeunes
J.O.	Journal officiel
J.O.C.E.	Journal officiel des communautés européennes
J.R.	Justice restaurative
JUDEVI...........	Juge délégué aux victimes
M.E.J.............	Mesure Éducative Judiciaire
M.E.J.P...........	Mesure Éducative Judiciaire Provisoire
Min. Justice	Ministère de la justice
Not..................	Notamment
O.C.D.E...........	Organisation de coopération et de développement économiques (1960)

O.I.P.	Observatoire international des prisons
O.M.S.	Organisation mondiale de la santé
O.N.G.	Organisation non gouvernementale
O.N.U.	Organisation des Nations unies
Op. cit.	Opere citato, Ouvrage, article... déjà cité
Ord.	Ordonnance
P.J.J.	Protection judiciaire de la jeunesse
P.P.S.M.J.	Personne placée sous main de justice
P.P.R.	Programme de prévention de la récidive
PTSD	Post traumatic stress disorder / État de stress post-traumatique
P.U.F.	Presses universitaires de France
Rap.	Rapport
R.C.V.	Rencontre condamnés-victimes (milieu ouvert)
R.D.P.C.	Revue de droit pénal et de criminologie
R.D.V.	Rencontres détenus-victimes (milieu fermé)
Rép. Dalloz......	Répertoire Dalloz
Rev. sc. crim....	Revue de science criminelle et de droit pénal comparé (ou R.S.C.)
R.I.C.P.T.S.	Revue internationale de criminologie et de police technique
R.J.I.J...............	Restorative justice. An international journal (V.TIJRJ)
R.P.E.	Règles pénitentiaires européennes
S.A.D.J.A.V. ...	Service de l'accès au droit et à la justice et de l'aide aux victimes
S.A.R.V.I.	Service d'aide au recouvrement des victimes d'infraction
S.M.P.R.	Service médico-psychologique régional
S.P.I.P.	Service pénitentiaire d'insertion et de probation
S.T.E.M.O	Service territorial éducatif de milieu ouvert
S.T.E.M.O.I.	Service territorial éducatif de milieu ouvert et d'insertion
Suiv., ss.	Suivants(s)
Supra	Ci-dessus
T.G.I.	Tribunal de grande instance
T.I.G.	Travail d'intérêt général
T.I.J.R.J.	The international journal of restorative justice (V. RJIJ)
T.J.	Tribunal judiciaire
U.C.S.A.	Unité de consultation et de soins ambulatoires

U.M.J...............	Unité médico-judiciaire
U.H.S.A...........	Unité hospitalière spécialement aménagée
U.H.S.I.	Unité hospitalière de sécurité inter-régionale
U.M.D.	Unité pour malades difficiles
Univ.................	Université
V......................	Voir
V.O.M	Victim-offender mediation

PRÉFACE

Pour une application sans réserve de la justice restaurative aux mineurs infracteurs

La collection Controverse s'enrichit, une nouvelle fois, avec le pertinent et original ouvrage de Juliette Gagneur consacré à « La justice restaurative au bénéfice des mineurs. Une utopie en marche ». En ce sens, il participe à l'amélioration de la connaissance scientifique dans le champ criminologique. En pointant les avancées mais encore les contradictions observées lors de la prise en compte des mineurs en situation de délinquance, il s'inscrit concrètement dans l'utopisme rationnel cher à Bourdieu. Partant de la connaissance du probable, scientifiquement évalué, des bienfaits de la justice restaurative, en général, les propositions formulées par l'auteure, en particulier, font advenir le possible d'une mise en œuvre généralisée des programmes restauratifs disponibles au bénéfice des mineurs infracteurs et, plus spécifiquement, de la conférence restaurative.

Une telle démarche est particulièrement remarquable car, à l'issue d'un stage de professionnalisation au sein d'une Unité Educative en Milieu Ouvert, dans le cadre de sa formation au sein de l'Ecole Nationale de Protection Judiciaire de la Jeunesse, l'intéressée propose un protocole concret de mise en œuvre d'une Conférence, en tous points conforme à la philosophie restaurative et aux pratiques étrangères évaluées scientifiquement. Parfaitement transposable à la prise en compte des mineurs infracteurs, l'essai vient combler un manque, assez incroyable au regard du droit positif français. En effet, l'article 10-1 du Code de procédure pénale, créé par la Loi du 15 août 2014 entrée en vigueur le

1er octobre de la même année, concernait les majeurs comme les mineurs en ce qu'il a été intégré dans les dispositions générales de ce Code. Il a fallu attendre de longues années pour que, enfin, le Code de la justice pénale des mineurs, entré en vigueur après plusieurs rebondissements le 31 mars 2021, consacre le droit à la justice restaurative en son article L13-4… lequel renvoie explicitement à l'article 10-1 du CPP. L'auteure consacre d'ailleurs de pertinents arguments à cette curiosité, typiquement française, du rejet systématique de ce qui n'est pas une construction intrinsèque de l'institution concernée. De surcroît, la culture restaurative, pourtant riche de partenariats et de pratiques offrant aux intéressés une authentique appropriation des mesures qui leur sont proposées, suppose une réelle transformation des postures professionnelles de celles et ceux qui souhaitent devenir animateurs, certes de qualité incontestable mais inadaptées dans le champ restauratif. Juliette Gagneur présente avec justesse, en ce sens, la puissance de « l'approche relationnelle » en justice restaurative, dont le seul objectif est le dialogue et la méthodologie qui le permet consistant elle-même à l'accompagnement des potentiels participants par le dialogue.

Avec force et conviction, l'auteure précise à bon escient qu'il ne saurait y avoir de confusion entre les dispositions de l'article L13-4 (consacrant les diverses mesures restauratives) et les articles L112-8 et s. instituant un « Module de réparation » (consistant, d'une part, en une activité d'aide ou de réparation à l'égard de la victime ou dans l'intérêt de la collectivité et, d'autre part, une médiation entre le mineur et la victime) au sein des « Mesures éducatives judiciaires », médiation qualifiée de « pénale par d'aucuns (V. citoyens-justice.fr). Incontestablement les premières, autonomes, ne constituent en aucun cas des actes de procédure, alors que les secondes sont ordonnées par le juge. Les conditions de mise en œuvre des premières entrent en conflit direct avec celles des secondes à savoir, principalement : la nécessité du consentement des potentiels participants (mineur infracteur, personne victime, leurs proches respectifs et, le cas échéant des membres de leurs communautés d'appartenance) ; le caractère volontaire de l'engagement de chacun à faire valoir ce droit (ayant pour corollaire la possibilité d'en sortir sans justification particulière) ; la formation spécifique des animateurs et la confidentialité des échanges. De la même manière, le contrôle de l'Autorité judiciaire n'est, si elle le souhaite (*Comp.* Circulaire du 25 juin 2021, Annexe 6, 2-1), qu'un simple contrôle de conformité, reposant sur la seule vérification du respect, ou non, des conditions énoncées à l'article 10-1 du CPP et, plus spécialement, de la reconnaissance des faits.

Dans l'affirmative, peu importe la nature et/ou la gravité de l'infraction (V. curieusement *Contra*, Dialoguer pour (se) réparer, *In Avenirs*, 2022-52, 8). Peu importe le stade de la procédure en cours. Lors de l'exécution des peines, il ne fait aucun doute qu'une rencontre engagée doive se poursuivre au-delà de la prise en charge du mineur concerné. Plus fondamentalement encore, une rencontre restaurative peut-être engagée alors même que la personne victime ne souhaite pas porter plainte, pour des raisons qui lui appartiennent, si les conditions énumérées à l'article 10-1 C.pr.pén. sont remplies (notamment la reconnaissance des faits par l'auteur). L'autonomie de la Justice restaurative par rapport à la justice pénale doit être affirmée au regard de la multiplication de ce type de contexte qui, à défaut de prise en compte, laisse encore aujourd'hui de trop nombreuses victimes souffrir des répercussions du crime subi. Or la réponse pénale ne correspond plus, aujourd'hui, à leurs attentes de restauration, exacerbées par les dysfonctionnements du Système de justice pénale. Partant, dans toutes ces situations, une orientation, sans aucun filtre a priori, voire même de manière systématique *ab initio* avant toute poursuite comme quelques législations étrangères le prévoient, doit avoir lieu vers les animateurs. Spécialement formés, encore une fois, ils possèdent les compétences pour mener à bien les ateliers de communication et pour envisager, avec les potentiels participants, à partir de leurs attentes, concordantes, une conférence restaurative notamment.

La préparation des personnes est donc essentielle et suppose la maitrise des outils de l'approche relationnelle : écoute attentive et non active, absence de jugement et de suggestion, exploration approfondie des attentes de chacun.e, scénarisation des potentiels échanges avec l'autre partie. Les animateur.e.s sont effectivement garants de la sécurité des personnes et maîtres du déroulement du protocole. Mais le programme restauratif lui-même ne doit cesser d'appartenir aux personnes investies dans le programme restauratif car c'est « leur » programme et en aucun cas celui du Service qui le propose.

Il pourra sembler au lecteur que ces remarques préfaçant l'ouvrage de Juliette Gagneur sont bien superflues car la plupart d'entre elles sont magistralement démontrées dans les lignes qui vont suivre. Elles semblent néanmoins inévitables pour souligner son excellente compréhension par Juliette Gagneur de la philosophie restaurative, des mesures qu'elle promeut, de nature à combattre l'adultomorphisme qui caractérise, depuis de longues décennies, le droit pénal des mineurs et à consolider davantage ses spécificités éducatives. Elles offrent surtout l'opportunité de se réjouir que de jeunes professionnels de la Protection Judiciaire de la Jeunesse s'engagent résolument dans cette belle utopie restaurative, nous rapprochant chaque jour davantage d'une prise en compte profondément humaniste des mineurs en situation de délinquance, des victimes d'actes posés par eux et de leurs proches respectifs. Je demeure persuadé que les lecteurs de cet ouvrage se saisiront des bienfaits que promet la justice restaurative, entendus comme un enrichissement de leurs pratiques professionnelles dans le champ de la justice pénale des mineurs.

Pr. Robert CARIO
Président-fondateur de l'IFJR

Introduction

La justice restaurative auprès des mineurs. Découverte, interrogation, proposition, amélioration seront la ligne de fond de cet ouvrage

Au seuil de la justice restaurative

La démarche de recherche débute en septembre 2018 par un stage de professionnalisation dans un Service Territorial Éducatif de Milieu Ouvert (STEMO) de la Protection Judiciaire de la Jeunesse (PJJ). En juin 2019, elle se poursuit par l'écriture d'un mémoire qui sous-tend la rédaction de ce livre.

Auparavant, la découverte des mesures de réparation pénale est issue de la revue professionnelle de la Protection Judiciaire de la Jeunesse : *les Cahiers dynamiques*[1]. Parmi les mesures de réparation, on notera avec intérêt la position du mineur qui s'engage dans une double démarche de réflexion-responsabilisation afin d'estimer les conséquences de ses actes vis-à-vis de lui-même, de la victime, de sa famille, de la société et une mise en mouvement d'actions, au bénéfice de la victime et/ou de la collectivité.

1. « Éduquer les mineurs délinquants », *In Les cahiers dynamiques*, 2009, n° 45, 96 p.

Toujours dans l*es Cahiers dynamiques,* le concept spécifique de justice restaurative[1] est analysé et illustré. La philosophie et les applications défendues par la justice restaurative sont les thèmes de ce livre descriptif, pédagogique et prospectif.

La définition du pionnier Robert Cario

« La Justice restaurative traite des conflits de nature à engendrer des répercussions graves (d'ordre personnel, familial et plus largement social) sur les personnes qui en sont les victimes ou les auteurs, leur entourage et les communautés auxquelles ils appartiennent. Elle a pour objectif d'offrir la possibilité à l'ensemble de ces personnes de prendre une part active dans la recherche et la mise en œuvre des solutions susceptibles de leur permettre de reprendre le cours de leur vie (restauration) le plus apaisé possible. [...]. Cet espace de dialogue, inédit, offre aux parties une authentique réponse de justice, en complémentarité avec la Justice pénale. [Les mesures] supposent : la participation volontaire de tou(te)s celles et ceux qui s'estiment concerné(e)s par le conflit de nature infractionnelle afin d'envisager ensemble, par une participation active, en la présence et sous le contrôle d'un « tiers justice » et avec l'accompagnement éventuel d'un « tiers psychologique et social », les solutions les meilleures pour chacun, de nature à conduire, par leur responsabilisation, à la réparation de tous afin de restaurer, plus globalement, l'Harmonie sociale »[2].

Une journée d'étude phare et déterminante

Le 2 juin 2016, le Service de recherche de l'Ecole Nationale de la Protection Judiciaire de la Jeunesse organise une journée d'étude intitulée : La justice restaurative des mineurs, quelle place aujourd'hui ? Partant de la définition inaugurale de la justice restaurative donnée par le Conseil Economique et Social de

---

1. « La justice restaurative », *In Les cahiers dynamiques*, 2014, n°59, 144 p.

2. Cario Robert, « Qu'est-ce que la Justice restaurative ? », http://www.justicerestaurative.org/quest-ce-que-la-justice-restaurative/

l'Organisation des Nations Unies, cette journée compare le modèle de justice restaurative français, encore inexistant pour les mineurs, avec les mesures de réparation pénale. Ainsi découle un modèle de justice restaurative pour les mineurs selon l'approche belge. Cette journée d'étude s'est articulée autour des travaux de recherche de Jessica Filippi, actuellement chercheuse en criminologie à l'École Nationale de Protection judiciaire de la jeunesse (ENPJJ) et chercheuse associée en criminologie au centre de recherche Pénalité, Sécurité et Déviances de l'Université Libre de Bruxelles. Sa thèse originale sur les rapports entre droit pénal des mineurs et justice restaurative dans une approche comparative entre la France et la Belgique, lui a servi pour bâtir son intervention. La comparaison entre la « démarche de justice restaurative » et la mesure de réparation pénale[1] avance l'hypothèse d'une réforme de l'ordonnance du 2 février 1945 et plus particulièrement de l'article 12-1 qui intéresse la mesure de réparation pénale[2].

Une combinaison alliant espérance et rationalité

La fusion d'un idéal de justice pour les mineurs – êtres en devenir – et une réalité tangible déjà orientée vers cette justice de réparation pénale au sein de la PJJ peut être considérée comme

1. Filippi Jessica, *Justice restaurative des mineurs. Approche comparée franco-belge*, 2015, Univ. Pau, [thèse].

2. Cette journée d'étude se donne pour objectif de comparer, sur les plans théorique et pratique, l'expérimentation et la mise en œuvre de la justice restaurative dans le champ de Protection Judiciaire de la Jeunesse, en France et en Belgique. L'exposition des expérimentations permettra : - de cerner les difficultés des professionnels français et belges ; - de trouver des conditions favorables à l'implémentation de cette forme de justice ; - de discuter des apports et des bénéfices qu'elle promet dans le traitement du phénomène criminel juvénile ; École Nationale de la Protection Judiciaire de la Jeunesse, *La justice restaurative des mineurs : quelle place aujourd'hui ?* (consultée le 5 novembre 2016). Dimension qui sera développée en 2016 sous la forme de formation au site central à l'ENPJJ.

un « embryon de justice restaurative »[1]. La justice restaurative semble donc être particulièrement adaptée aux « mineurs sous main de justice ». La philosophie de ce nouveau modèle de justice s'inscrit dans la continuité de l'un des principes fondateurs de l'Ordonnance du 2 février 1945, qui énonce « la primauté de l'éducatif sur le répressif ». En d'autres termes, quels que soient les actes que commettent les mineurs, ils doivent bénéficier en priorité de réponses éducatives et non subir seulement des peines répressives. La justice des mineurs souligne l'importance d'éduquer les adolescents plutôt que de les punir. Ce processus restauratif renvoie à l'un des principes fondamentaux de la Convention Internationale des Droits de l'Enfant (CIDE) qui affirme « le droit à la participation de l'enfant »[2]. La CIDE insiste en effet sur le point suivant : « Garantir à l'enfant qui est capable de discernement le droit d'exprimer librement son opinion sur toute question l'intéressant[3] »[4]. La justice restaurative semblait donc être particulièrement adaptée aux mineurs « sous main de justice ». Ce nouveau paradigme apparaît enfin être en adéquation avec les principales valeurs défendues par les éducateurs de la Protection Judiciaire de la Jeunesse, puisqu'il privilégie des réponses plus humaines, hautement éducatives et extrêmement responsabilisantes.

La justice restaurative instaure de nouvelles dimensions aux réponses pénales, à l'égard des adolescents, qui sont plus participatives, moins violentes et plus sociales. Ce nouveau mode de réaction à la délinquance juvénile est orienté vers la réparation et la restauration plutôt que vers la répression et l'exclusion. La justice restaurative conduit les mineurs, par le biais de la rencontre avec la victime, à prendre conscience du mal causé et à s'impli-

1. Baste Morand Louise, « La réparation pénale », 2014, p. 61.

2. La Convention internationale relative aux droits de l'enfant de 1989 (consultée le 10 novembre 2018).

3. Article 12 de la CIDE, Unicef, *Ibid.*, p. 9.

4. V. Filippi Jessica, « La justice restaurative des mineurs en France, une approche dans une perspective juridique et scientifique », *In Journal du Droit des Jeunes* (Belgique), 2018, pp. 19-29.

quer, en étant les premiers acteurs des décisions qui les concernent. Ce processus considère en effet que le mineur détient un ensemble de compétences individuelles qui pourraient lui permettre d'instaurer un changement pour l'avenir. La justice restaurative vise à promouvoir la responsabilisation, la réparation, la restauration de tous et le retissage du lien social.

Une exploration heuristique

Le postulat de recherche sur le devenir de la justice restaurative auprès des mineurs présume que les mesures de réparation directe conduisent à celles de la justice restaurative. Cependant, au cours de ces recherches à la fois théoriques et pratiques, il apparaît que les éducateurs de l'unité ne se saisissent que très peu de la possibilité de réaliser des mesures de réparation avec une victime physique puisqu'ils privilégient l'usage des réparations indirectes (envers des personnes morales ou physiques qui n'avaient aucun lien avec la victime directe des auteurs mineurs). Par ailleurs, il est repéré que la justice restaurative se pratique de façon embryonnaire et expérimentale au sein de la PJJ. Ces premiers constats ont suscité une série de questions qui ont mis en regard les deux termes de l'articulation, apparemment contradictoires, envisagés d'être rendus compatibles pour confirmer l'hypothèse spécifique : les mesures de réparation directe peuvent devenir des mesures restauratives. Les deux termes explicites de la problématique émergeaient donc clairement : les mesures de réparation pénale, d'une part, et les mesures restauratives d'autre part. Cette première phase et la suivante ont permis de forger la problématique de cet ouvrage de manière progressive : éprouvant le besoin de trouver un cadre d'expérience qui tienne aussi lieu de stage de formation, un stage d'immersion a été effectué en Belgique au sein du Centre Gacep, lequel a ainsi permis de formuler et d'affiner la problématique de ce livre qui inclut maintenant deux autres termes, implicites cette fois-ci : la justice restaurative des mineurs en France d'un côté et la justice restaurative des mineurs en Belgique de l'autre.

Les acquis en connaissance théorique restaurative, l'expérience de terrain et la recherche au sein de l'unité de service, puis les savoirs en justice restaurative belge, ont permis de concevoir une expérimentation consistant à mettre en œuvre une Conférence restaurative dans un Service Territorial Éducatif de Milieu Ouvert.

Reprenant à rebours ce chemin parcouru qui esquisse les contours, les voies de traverse, les impasses, et les détours de la recherche, un plan a été élaboré dans ses différentes parties, qui sont autant d'étapes du trajet, dans ses différents aspects, ses questionnements, et ses rencontres : si une première partie est consacrée à l'examen de la justice restaurative, en France et dans le monde, dans une deuxième partie est examinée la justice restaurative auprès des mineurs dans une unité de service, pour en conclure que les mesures de réparation directes, peu pratiquées, offrent cependant un terrain favorable à la pratique de mesures restauratives puis, plus particulièrement en Belgique, où est observé concrètement la pratique de la médiation restaurative. Pour aboutir enfin, dans une troisième partie, à la construction d'une expérimentation de conférence restaurative, dans un service territorial éducatif de milieu ouvert. Ce trajet circulaire qui accède à ce projet en France n'est ainsi pas un retour à la case départ : il est le point d'arrivée qui aura transformé une éducatrice de la Protection Judiciaire de la Jeunesse devenue médiatrice/animatrice de justice restaurative en France.

Des questions ouvertes

Comment les mesures de justice restaurative peuvent être intégrées de manière complémentaire au sein d'une Unité Éducative de Milieu Ouvert et plus largement au sein d'un service de la Protection Judiciaire de la Jeunesse ?

De quelle manière il est possible de mettre dans chaque mesure éducative une part de justice restaurative ?

En quoi l'activité de réparation est une forme de mesure de justice restaurative ?

Quelles pratiques de justice restaurative sont effectuées par les éducateurs de la PJJ ou acteurs de la Justice pénale des mineurs, sur le territoire national ?

Quels sont les informations, les outils et les formations disponibles pour l'éducateur qui souhaite s'intéresser ou pratiquer la justice restaurative ?

Comment la justice restaurative auprès des mineurs qui se développe en France peut s'inspirer de la Belgique pour se jumeler, se contredire, s'encourager ?

Utiliser des mesures de justice restaurative pour les mineurs « sous main de justice » pourrait-il permettre une plus forte responsabilisation du mineur infracteur et tendre ainsi à une dynamique de désistance plus forte ?

Pourquoi au sein des services de milieu ouvert avons-nous peu, voire souvent aucun partenariat avec des associations d'aide aux victimes ?

Au-delà de la réparation, comment les principes de la justice restaurative auprès du mineur infracteur et de la victime permettent d'envisager un désamorçage du sentiment d'injustice et une restauration qui accroît la beauté de l'œuvre des éducateurs de la PJJ qui deviennent animateurs-médiateurs de justice restaurative ?

Par l'utilisation des questions ouvertes, l'attention est portée sur la personne à qui on les pose. Elles témoignent que l'on s'intéresse à la personne. Elles offrent des réponses plus réfléchies, plus explicatives, ayant beaucoup plus de sens.

Par contre, les questions fermées, utilisées la plupart dans nos pratiques, appellent des réponses précises. Les réponses attendues sont la plupart du temps formulées dans la question. Aucune place n'est réservée à l'explication libre. Elles reposent sur une simple alternative : « oui », « non » ou « peut-être ».

1

Genèse

Les fondations de la justice restaurative
La redécouverte des pratiques ancestrales de régulation des conflits

L'avènement d'un nouveau modèle restauratif

Dans le monde entier, la justice restaurative profite d'une reconnaissance croissante puisqu'elle (ré)invente une alternative aux méthodes ancestrales de régulation du crime, comme nous le rappellent Robert Cario[1] et Lode Walgrave[2]. Cette nouvelle optique sur la façon de rendre justice rompt avec le système de justice pénale actuel qui présente des dysfonctionnements et des manquements.

---

1. Cario Robert, Justice restaurative. 3e éd., 2022, p. 14.

2. Vanfraechem Inge, Walgrave Lode, « Les conférences de groupe familial (Family Group conferences) », 2006, p. 1.

Dysfonctionnements et manquements du système pénal

Selon Robert Cario, la première de ses insuffisances est liée, pour les majeurs comme pour les mineurs, à l'échec des politiques répressives. En effet, la sévérité de la réponse pénale augmente alors même qu'elle demeure sans efficacité sur les transgressions et sur le taux moyen de récidive qui ne diminue pas. L'insatisfaction des citoyens envers la justice pénale ne cesse de s'accroître.

La seconde insuffisance est d'ordre victimologique[1]. En effet, avant les années deux-mille la victime tenait une place infime au sein du procès pénal. Depuis, elle est réellement considérée par les textes législatifs, qui renforcent ses droits et son statut. L'ensemble de ses besoins a été reconnu, ils peuvent être d'ordre psychologique, informationnel, protectionnel, au-delà du seul besoin de dédommagement indemnitaire.

Au vu de l'échec de la justice punitive, constaté par de nombreux chercheurs, auteurs et praticiens dans le monde entier, ces derniers ont par conséquent réfléchi à une nouvelle façon de rendre justice. Dans cette perspective, une nouvelle conception de la justice va naître, celle de la justice restaurative.

Les inspirateurs

La justice restaurative a puisé ses pratiques au sein de plusieurs civilisations ancestrales. Tout d'abord, elle s'inspire des Premières Nations d'Amérique du Nord, comme par exemple, chez les Inuits du Québec[2], avec les cercles de sentence ou de

1. La victimologie est une branche de la criminologie d'abord centrée sur la personnalité des victimes de délits ou de crimes, sur leur statut psychosocial et sur leurs relations affectives avec leur agresseur.

2. Gailly Philippe, *La justice restauratrice*, 2011, 471 p.

détermination de la peine[1]. Elle trouve aussi ses sources au sein de la culture du peuple Maori[2] qui pratique les conférences du groupe familial. Elle apparaît également dans la justice traditionnelle africaine au sein de la palabre[3], qui est une véritable institution sociale, puisqu'elle permet la rencontre et le maintien du lien social.

Les inspirés

Les programmes de justice restaurative ont par conséquent commencé à se développer dans les pays anglo-saxons dans les années 1970. Cela s'explique par le fait qu'ils possèdent une forte tradition communautaire. Les années quatre-vingt accentuent l'évolution des mentalités, des recherches et des pratiques de justice Restaurative partout sur le continent. Dans cette perspective, il convient de la définir.

Les aspects conceptuels de la justice restaurative

S'intéresser à ce nouveau processus amène d'abord à porter une attention particulière sur les différents termes utilisés à travers le monde, pour caractériser la *restorative justice.* Elle peut être définie comme : réparatrice, restaurative, récréative, transformatrice, reconstructive, participative, compréhensive ou restauratrice.

---

1. Zehr Howard, Préface de Robert C Cario, *La justice restaurative : pour sortir de l'impasse de la logique punitive*, 2012, p. 9 ; Gailly Philippe, *La justice restauratrice*, 2011, 471 p.

2. Les Maoris sont un peuple aborigène de Nouvelle-Zélande et d'Australie principalement ; Vanfraechem Inge, Walgrave Lode, Les conférences de groupe familial (Family Group conferences), 2006, p. 1.

3. Par exemple, cette coutume défend l'idée prédominante qu'il y a toujours une solution à tout problème, si l'on prend le temps de la chercher. Les conflits y étaient réglés le plus pacifiquement possible avec des mécanismes de prévention et de régulation des conflits très élaborés.

Le monde anglo-saxon l'appelle *Restorative justice*. En revanche, pour les Français, le choix de la dénomination de ce concept n'est pas unanime. Quelques auteurs lui ont préféré la notion de justice réparatrice. Le législateur français a cependant tranché, puisqu'au sein de la loi du 15 août 2015, il utilise le concept de justice restaurative. Pour Robert Cario, l'analyse sémantique de « restaurer » renvoie au mot « guérir », ce qui précise un des fondements principaux de la *Restorative justice*. Jessica Filippi[1] opte également pour le terme de restaurer plutôt que réparer.

En effet, au sein de notre droit civil, la réparation suppose la remise en état de quelque chose ou l'indemnisation d'un préjudice subi[2]. Elle se préoccupe en d'autres termes du passé de la faute. La justice restaurative est au contraire « tournée vers l'avenir des participants et s'intéresse à leur restauration, responsabilisation, réhabilitation, réintégration dans la société ». Des finalités qui outrepassent largement la notion de réparer[3].

Désormais, il importe de présenter une partie des multiples définitions existantes qui démontre l'immense attrait que la justice restaurative représente pour l'ensemble des praticiens et chercheurs éclairés du monde entier. Les uns s'attachent aux processus à mettre en place (vision minimaliste de la justice restaurative) tandis que les autres s'intéressent aux résultats à atteindre (vision maximaliste de la justice restaurative).

Au gré des définitions de la justice restaurative

Selon le criminologue anglais Tony F. MARSHALL, la justice restaurative est : « un processus par lequel les parties concer-

1. Chercheure en criminologie au sein de l'École Nationale de la Protection Judiciaire de la Jeunesse, chercheure associée à l'Université Libre de Bruxelles au Centre de la Pénalité de la Sécurité et des Déviances.

2. Filippi Jessica, « Autour de la médiation et de la concertation restauratrice en groupe (CRG) », *In Les Cahiers Dynamiques*, 2014, p. 120.

3. *Ibid.*

nées par une infraction donnée décident en commun de la manière de réagir aux conséquences de l'infraction ainsi qu'à ses répercussions futures[1] ».

Pour Lode WALGRAVE, criminologue et psychologue belge, mais surtout l'un des partisans européens les plus connus du concept de justice restaurative, elle est « une optique sur la manière de faire justice, orientée prioritairement vers la restauration des souffrances et dommages causés par un délit[2] ».

Howard ZEHR, criminologue états-unien, souligne que : « c'est un processus destiné à impliquer, le plus possible, ceux qui sont concernés par la commission d'une infraction particulière, à identifier et répondre collectivement à tous les torts, besoins et obligations dans le but de réparer les préjudices et de rétablir l'harmonie sociale la meilleure possible[3] ».

L'ensemble des gouvernements se sont ensuite intéressés aux résultats des chercheurs et des praticiens, concernant ce nouveau paradigme alternatif, pour penser le crime et la justice. Ils se sont notamment appuyés sur la doctrine refondatrice de Howard Zehr. En effet, il est le premier à avoir souligné les cinq principes clés d'action qui fondent la philosophie de la justice restaurative.

---

1. Cario Robert, *Ibid.,* p. 21.

2. Cario Robert, *Ibid.*, n049.

3. Cario Robert, *Justice restaurative,* 2022, p. 21.

Les principes clés d'Howard Zehr

La justice restaurative estime que l'infraction commise va au-delà d'une atteinte à la loi puisqu'elle est « un tort fait aux personnes et aux communautés[1] d'appartenance[2] ». En effet, lors de l'infraction commise, les liens entre l'auteur de l'infraction et la victime se sont brisés.

Étant donné que l'infraction a altéré la relation entre l'auteur et la victime, il est primordial qu'ils s'investissent mutuellement dans la compréhension du sens et des causes du passage à l'acte délictueux. La prise en considération des éléments de leurs situations personnelle, familiale et sociale est indispensable. Cette démarche se manifeste au travers d'échanges d'informations ou de rencontres possibles entre eux : « Ce processus permet à l'auteur, par sa participation active, de reconnaître sa responsabilité[3] ». Les objectifs de ces réflexions communes sont, d'une part, d'offrir la possibilité aux parties de s'exprimer sur les faits et leurs répercussions[4] et, d'autre part, « de réfléchir à la nature et aux conditions de la réparation[5] » à mettre en œuvre, sur les plans matériels et/ou symboliques afin qu'elles puissent être apaisées pour l'avenir.

---

1. Le terme de « communauté » est défini comme « un groupe de personnes partageant un intérêt commun, jouissant de valeurs communes, unies par des liens de nature diverse et variée. Contrairement au communautarisme qui n'est qu'exclusion et repli sur soi, la communauté est source d'ouverture, de solidarité, de respect de la dignité de tout être humain, sans discrimination aucune », Cario Robert, *Justice restaurative*, 2022, p. 66.

2. Zehr Howard, Préface de Robert Cario, *La justice restaurative : pour sortir de l'impasse de la logique punitive,* 2012, p. 47.

3. Zehr Howard, *Ibid.*, p. 47.

4. En plus des conséquences de l'infraction, mais sans lien direct et immédiat a priori avec l'acte infractionnel, les répercussions sont d'ordre personnel, familial, professionnel, culturel et/ou social. Cario Robert, *Justice restaurative, In Répertoire Dalloz de droit pénal et procédure pénale,* 2022, p. 41.

5. Cario Robert, *Justice restaurative : principes et promesses*, 2é éd. 2010, p. 56.

Les liens unissant les proches de la victime, de l'auteur de l'infraction et/ou l'ensemble des membres de la communauté, de la société, ont été endommagés par les faits commis, et c'est pourquoi il importe de les convier à ces rencontres pour réguler le conflit : « Tous les protagonistes sont ainsi amenés à participer aux décisions[1] » pour chercher la mesure la plus appropriée afin de réparer toutes les conséquences de l'infraction et leurs répercussions.

La communauté se doit, selon les mesures restauratives envisagées « d'encourager l'auteur afin qu'il puisse déterminer les moyens d'action axés sur la réparation de la victime[2] ». Elle est aussi chargée de l'accompagner dans l'élaboration et la reconnaissance de ses victimisations antérieures. Enfin, il est nécessaire que les personnes de la communauté accompagnent l'auteur de l'infraction à décoder les causes qui l'ont mené à son passage à l'acte, afin d'éviter la récidive.

L'enseignement de ces principes a permis à un grand nombre de pays de « changer d'optique »[3]. Ainsi, ces pays ont décidé d'opérer des changements législatifs à tour de rôle afin d'incorporer et accroître les pratiques restauratives. Les principes fondamentaux de la justice restaurative sont cependant d'abord nés au sein de textes internationaux.

La justice restaurative en droit international

Au niveau mondial, le Conseil économique et social des Nations unies a adopté une Résolution[4] portant sur les principes fondamentaux de la justice restaurative. Puis, le onzième Congrès

1. Zehr Howard, *Ibid.*, p. 48.

2. Cario Robert, *Justice restaurative : principes et promesses*, Ibid., p. 56.

3. Cette expression renvoie au livre de Howard ZEHR, *Changing Lenses : A New Focus for Crime and justice*, 1990, 292 p.

4. Résolution E/2002/30 du Conseil Économique et Social des Nations Unies, 2002.

des Nations unies[1] et le Congrès mondial de justice juvénile restauratrice[2] ont, dans leurs déclarations respectives, affirmé la nécessité de développer et de mettre en œuvre des programmes de justice restaurative. La Décision-cadre de l'Union européenne du 15 mars 2001[3] impose aux États membres plusieurs adaptations. La mise en place de la justice restaurative a été modifiée par la Directive du 23 octobre 2012. La plus récente Recommandation du Conseil de l'Europe - R(18)8 - incite la France à compléter son arsenal législatif en matière de justice restaurative[4].

L'introduction progressive de la justice restaurative dans la législation internationale et régionale va favoriser l'intégration de ce nouveau modèle dans les textes juridiques français. Ainsi la France rejoint les nombreux pays qui, depuis plusieurs années, ont mis en place divers programmes de justice restaurative.

---

1. Ce Congrès a proclamé dans une déclaration les principes fondamentaux concernant le recours à des programmes de justice réparatrice en matière pénale en avril 2005, Cario Robert, *justice restaurative*, 2022, p. 23.

2. Premier congrès mondial de justice juvénile restauratrice, Lima, novembre 2009.

3. Elle revêt un caractère d'application obligatoire pour l'ensemble des 28 États membres de l'Union européenne. Depuis, elle a été remplacée par la directive 2012/29 qui incite à la mise en œuvre de la justice restaurative dans les pays membres et à la nécessité de créer de services de justice restaurative.

4. Adoptée le 5 octobre 2018, elle est relative à la justice restaurative en matière pénale. Dans la droite ligne de la Recommandation (99)19, elle invite les États membres à intégrer la justice restaurative dans leur législation interne. Elle reprend, pour l'essentiel, les dispositions de la Directive du 25 octobre 2012 imposant, quant à elle, aux États membres la transposition dans leur système de justice pénale des mesures de « justice réparatrice », Cario Robert, Les apports de la recommandation (18)8 du Conseil de l'Europe dans la consolidation de la justice restaurative en France, *In AJpénal*, avril 2019.

Entre temps en France, la justice restaurative inspire puis s'organise et se légalise

En France, la loi du 4 janvier 1993 a introduit la médiation pénale au profit des majeurs et la mesure de réparation pénale à l'égard des mineurs, que d'aucuns ont qualifiées maladroitement de mesures restauratives. Mais ce n'est que très récemment que la justice authentiquement restaurative a été intégrée dans le Code de procédure pénale. Néanmoins, il est primordial d'attirer l'attention sur le fait que la médiation pénale est à différencier de la médiation restaurative. En effet, seule la médiation pénale est ordonnée par le juge dans le cadre du module de réparation de la mesure éducative judiciaire provisoire pour une durée d'une année maximum. En somme, elle a un impact sur la procédure judiciaire, a contrario de la médiation restaurative qui est autonome, volontaire, illimitée dans le temps et animée par un animateur ou médiateur spécialement formé en justice restaurative. Enfin, elle peut être mise en œuvre à tous les stades de la procédure,

La loi du 15 août 2014

Après une première expérimentation de Rencontre Détenus-Victimes mise en place à la maison Centrale de Poissy en 2010 avec la participation de Robert Cario en tant que membre de la communauté et Paul Mbanzoulou en tant qu'animateur, l'entrée en vigueur de la loi du 15 août 2014[1] marque un nouveau tournant pour la justice restaurative française. Cette nouvelle pratique est pour la première fois officiellement reconnue et institutionnalisée au sein de l'article 10-1 du code de procédure pénale, dans un sous-titre II, du titre préliminaire des dispositions générales du code de procédure pénale intitulé « De la justice restaurative ». La mesure de justice restaurative est définie comme « toute mesure permettant à une victime ainsi qu'à l'auteur d'une infraction de participer activement à la résolution des difficultés résultant

---

1. Légifrance, Loi du 15 août 2014 relative à l'individualisation des peines et renforçant l'efficacité des sanctions pénales (consulté le 13 octobre 2019).

de l'infraction, et notamment des préjudices de toute nature résultant de sa commission ».

Les nouvelles dispositions législatives énoncées au sein de ce nouveau texte imposent un cadre de référence strict concernant le recours au processus restauratif.

Qui peut bénéficier d'une telle mesure restaurative ?

Une mesure de justice restaurative peut être proposée « à l'occasion de toute procédure pénale et à tous les stades de la procédure[1] ». Elle est applicable aux majeurs et aux mineurs. Néanmoins, des particularités, au vu de la spécificité du public mineur, devront être respectées comme le recours à l'accord des parents ou des représentants légaux pour débuter le processus restauratif et la présence de l'avocat.

Le rôle des avocats

L'implication des avocats au sein des mesures restauratives peut être déterminante pour les mineurs infracteurs d'autant plus lorsqu'il est spécialisé dans leur défense. Dans le cas hypothétique où ce professionnel a bénéficié d'une sensibilisation et/ou d'une information sur la thématique de la justice restaurative, il peut porter à la connaissance de son client des informations précises sur son droit à participer à ce dispositif en soulignant le principe de gratuité, de consentement exprès et de confidentialité.

Par la suite, si le mineur souhaite s'y engager, il est possible que l'avocat lui suggère de le soutenir et/ou de l'accompagner physiquement durant l'étape préparatoire, autrement dit, avant son entrée au sein du dispositif restauratif.

---

1. Légifrance, Loi du 15 août 2014, *Eod. loc.*

Tout bien considéré, non seulement, la formation des bâtonniers apparaît essentielle pour le déploiement de ce nouveau paradigme pour la victime et l'auteur mais aussi, si les avocats souhaitent prendre part à l'ascension de la justice restaurative en devenant référent et/ou médiateur-animateur de justice restaurative.

Victime et auteur entrent librement dans le dispositif

Constitue une mesure de justice restaurative « toute mesure permettant à une victime ainsi qu'à l'auteur d'une infraction de participer activement [...] à la réparation des préjudices de toute nature résultant de sa commission[1] ». En ce sens, contrairement au système de justice pénale classique au sein duquel les protagonistes sont dans une posture passive, le processus restauratif, sans empiéter sur les compétences des magistrats quant aux conséquences du crime (sanction, indemnisation et application des peines), leur offre cette possibilité de participer activement à la régulation des répercussions qui perdurent depuis le conflit de nature infractionnelle. Les mesures de justice restaurative impliquent ainsi en première ligne, la victime et l'auteur de l'infraction. Mais certaines mesures offrent aussi la possibilité aux parties de convier leurs proches et/ou les personnes impactées par le crime.

La participation à une rencontre nécessite de respecter plusieurs conditions primordiales et non négociables puisqu'elles garantissent le respect des droits humains.

Le cadre normatif de la rencontre restaurative

Premièrement, « l'exigence de la reconnaissance des faits[2] » est essentielle. Deuxièmement, les participants éventuels doivent recevoir une information complète sur la mesure dans laquelle ils

---

1. Légifrance, *Eod. loc*
2. Légifrance, *Eod. loc.*

désirent s'engager, notamment sur le déroulement du processus, les garanties dont ils disposent, les suites possibles, et également les effets favorables et les limites de leur participation[1].

À la suite de cette phase informative, le consentement des participants à la mesure restaurative doit être recueilli. Cette étape est incontournable puisqu'elle démontre la volonté des participants de s'engager dans le processus. Néanmoins, ce consentement est révocable à tout moment, dans le cas où l'un des protagonistes souhaite arrêter la démarche entamée, sans effet sur sa situation.

La présence d'un tiers indépendant et impartial est ensuite nécessaire. L'animateur ne peut pas être le professionnel en charge du suivi de l'un des participants et il est tenu à un principe de confidentialité.

La formation de ce tiers est impérative, inévitable et « une telle formation ne s'improvise pas[2] ». Elle apporte de solides compétences disciplinaires spécifiques à la mise en œuvre du processus et à l'animation de la rencontre restaurative. Lors de la rencontre, son rôle est : « d'éviter toute forme de victimisation secondaire des intéressés, d'instrumentalisation des mesures de justice restaurative, de dérives dans l'appréciation des répercussions pour l'avenir et des éventuelles modalités de leur prise en compte[3] ».

Le contrôle de l'autorité judiciaire est enfin un strict contrôle de conformité. En d'autres termes, les magistrats, au nom du principe de confidentialité de la mesure de justice restaurative, ne peuvent pas accéder aux informations qui expliquent de façon détaillée le déroulement et le contenu de la mesure restaurative[4].

---

1. Cario Robert, *Justice restaurative*, 2022, p. 26.

2. Cario Robert, *Ibid.*

3. Cario Robert, *Ibid.*

4. L'exception serait d'une part, dans le cas où les parties souhaiteraient informer elles-mêmes le magistrat, d'autre part, les cas où « un intérêt supérieur lié à la nécessité de prévenir ou de réprimer des infractions commises, dont la

Pour cette raison, le tiers indépendant n'a pas vocation à transmettre d'information à l'autorité judiciaire, comme par exemple, le positionnement des parties sur les faits. Bien que la loi garantisse la confidentialité des échanges, elle prévoit plusieurs exceptions. La première étant que les participants (ou l'une des personnes qu'ils mandatent) peuvent informer le juge référent du mineur infracteur de sa participation à une mesure de justice restaurative. Ainsi, il est possible de partager avec le magistrat les effets bénéfiques du processus restauratif sur sa situation familiale, scolaire ou professionnelle et pénale principalement.

La deuxième exception concerne les éducateurs de la Protection Judiciaire de la Jeunesse qui bénéficient du statut de fonctionnaire[1]. Au regard de l'exercice de leur fonction, les agents de l'Administration sont tenus d'aviser, au regard de l'article 40 alinéa 2 du Code de procédure pénale, le procureur de la République de tout crime ou délit porté à leur connaissance. Néanmoins, selon l'article 434-1 du Code pénal, cette obligation de dénonciation vise également toute personne non-fonctionnaire : « quiconque ayant connaissance d'un crime dont il est encore possible de prévenir ou de limiter les effets, ou dont les auteurs sont susceptibles de commettre de nouveaux crimes qui pourraient être empêchés, s'abstient d'en informer les autorités judiciaires ou administratives est puni de trois ans d'emprisonnement et de 45 000 euros d'amende. Sont exceptés des dispositions qui précèdent, sauf en ce qui concerne les crimes commis sur les mineurs : 1° Les parents en ligne directe et leurs conjoints, ainsi que les frères et sœurs et leurs conjoints, de l'auteur ou du complice du crime : 2° Le conjoint de l'auteur ou du complice du crime, ou la personne qui vit notoirement en situation maritale avec lui. Sont également exceptées des dispositions du premier alinéa les personnes astreintes au secret dans les conditions prévues par l'article 226-13 ». L'article 226-13 souligne et rappelle que

commission est en cours ou sur le point de l'être et présentant un danger pour les personnes », Cario Robert, *Justice restaurative*, 2022.

1. Cario Robert, *Grandeurs et vicissitudes de la justice restaurative en France,* 2021, p. 30 à 31.

les tiers indépendants sont soumis durant l'exercice de leur mission restaurative temporaire au secret professionnel.

Depuis, l'entrée en vigueur de nouveaux textes législatifs, relatifs à la mise en œuvre de la justice restaurative, est venue réaffirmer son potentiel certain.

La circulaire du 15 mars 2017

Cette circulaire, d'application immédiate mais seulement interprétative, est venue clarifier l'articulation entre la justice pénale et la justice restaurative comme un « modèle de justice complémentaire du procès pénal[1] ». Elle souligne également que les mesures de justice restaurative ne sont pas « un acte de procédure », c'est-à-dire que pour les participants qui feront la démarche de consentir à une mesure de justice restaurative, cela sera sans incidence sur leur procédure judiciaire exercée en parallèle, comme sur les conditions d'individualisation de la sanction prononcée. Ce critère d'autonomie s'explique par le fait que la justice restaurative s'intéresse, au travers des répercussions qui perdurent, à l'avenir des participants.

L'ordonnance du 11 septembre 2019

L'ordonnance du 2 février 1945 relative à l'enfance délinquante, pilier historique et philosophique de la justice des mineurs, a été modifiée près de quarante fois depuis sa création. Les refontes de ce texte ont donné lieu à de nombreux débats autour du fonctionnement de la justice juvénile sur le plan législatif, politique, sociétal et médiatique. Ces modifications sont venues remettre en question la lisibilité de cette ordonnance suite aux nombreuses réformes successives dont elle a fait l'objet, aussi bien,

1. Cette complémentarité s'exprime par la possibilité pour les magistrats de proposer une mesure de justice restaurative à tout justiciable ; Légifrance, Loi du 15 août 2014 relative à l'individualisation des peines et renforçant l'efficacité des sanctions pénales (Consultée le 13 octobre 2018).

pour les acteurs de la justice des mineurs, que pour les mineurs et leurs familles.

Au vu de ce contexte et dans la continuité des propositions de Christiane Taubira, Nicole Belloubet, l'ancienne Garde des Sceaux a engagé un projet de réforme de la justice pénale des mineurs dans le cadre de la loi de programmation pour la justice du 23 mars 2019. Par la suite, lors d'un Conseil des ministres qui s'est déroulé le 11 septembre 2019, le nouveau projet de réforme de la justice pénale des mineurs a été présenté.

Au vu de la crise sanitaire, d'un manque supposé de moyens et des réticences en provenance du terrain, son adoption et son application ont été retardées, c'est pour cela, que le mardi 16 février 2021, les deux assemblées ont adopté, sur le rapport de la commission mixte paritaire, le projet de loi ratifiant l'ordonnance n° 2019-950 du 11 septembre 2019. Par conséquent, le Code de la justice pénale des mineurs est entré en vigueur le 30 septembre 2021 (V. également le décret du 30 septembre 2021). La Circulaire d'application du 25 juin 2021 rappelle très opportunément que les mesures de justice restaurative sont autonomes par rapport à la procédure pénale.

Ce nouveau code marque l'avènement d'un nouvel article L-13-4 qui énonce qu'il « peut être proposé à la victime et à l'auteur de l'infraction de recourir à la justice restaurative, conformément à l'article 10-1 du code de procédure pénale, à l'occasion de toute procédure concernant un mineur et à tous les stades de celle-ci, y compris lors de l'exécution de la peine, sous réserve que les faits aient été reconnus ». De plus, cet article précise à l'alinéa 2 que ce droit à la justice restaurative « ne peut être mis en œuvre que si le degré de maturité et la capacité de discernement du mineur le permettent et après avoir recueilli le consentement des représentants légaux ».

Le décret du 21 décembre 2020

Le décret n° 2020-1640 du 21 décembre 2020 renforçant l'efficacité des procédures pénales et les droits de victimes précise dans son article D1-1-1, au sein du Titre préliminaire, chapitre 1er bis, du code de procédure pénale (de la justice restaurative) que, « outre le cas prévu par le 1° de l'article 10-2, la possibilité pour la victime ou l'auteur d'une infraction de participer à une mesure de justice restaurative relevant de l'article 10-1 lui est proposée, lorsque cette mesure paraît envisageable : « 1° Par le procureur de la République ou le délégué du procureur de la République, lors de la mise en œuvre d'une alternative aux poursuites ou d'une composition pénale, à tout moment de la procédure : 2° Par le juge d'instruction, à tout moment de l'information, et notamment lorsqu'il reçoit la plainte avec constitution de partie civile de la victime ou qu'il procède à la mise en examen de la personne poursuivie ; 3° Par le président de la juridiction de jugement, à tout moment de l'audience et après avoir rendu la décision sur l'action publique et sur l'action civile ; 4° Par le juge de l'application des peines en application du 2° du IV de l'article 707 ». En définitive, ce nouveau décret s'inscrit dans la lettre de l'article 10-1 du Code de procédure pénale, en reconnaissant, enfin et d'une part, le droit aux majeurs comme aux mineurs de pouvoir bénéficier d'une mesure de justice restaurative, d'autre part, en affirmant la possibilité pour les victimes ainsi que pour les auteurs de se voir proposer une mesure de justice restaurative.

La dépêche du Garde des Sceaux du 23 février 2021

Dans son dernier ouvrage *Grandeurs et vicissitudes de la justice restaurative en France*, Robert Cario attire l'attention sur une dépêche envoyée par l'actuel ministre de la Justice Éric Dupond-Moretti aux procureurs généraux et aux procureurs de la République, relative au traitement des infractions sexuelles susceptibles d'être prescrites. Il estime « indispensable, dans de tels cas, de faire systématiquement procéder à l'ouverture d'une enquête préliminaire ». Ces investigations ont pour finalité de vérifier si « au regard de la date des faits dénoncés, ceux-ci, à les supposer constitués, seraient prescrits ».

Par la suite, l'enquête auprès de l'entourage de la personne permettra de « découvrir l'existence d'autres victimes pour lesquelles les faits ne seraient pas prescrits, voire pour lesquelles seule l'enquête serait de nature à révéler des faits dont elles continuent à souffrir ». En dernier lieu, cela doit aussi permettre « à une personne mise en cause de s'expliquer sur les accusations portées à son encontre » au cours d'une audition. Dans l'hypothèse où les faits seront prescrits, la victime en sera informée directement par le procureur de la République ou par l'intermédiaire d'une Association d'aide aux victimes. Pour terminer, la dépêche souligne que si les conditions de l'article 10-1 du Code de procédure pénale sont réunies, un dispositif de justice restaurative pourrait être envisagé. Il convient de rappeler que l'information des personnes impliquées est obligatoire et que la rencontre restaurative se déroulera, selon le désir des parties, validé par les animateurs ou médiateurs restauratifs de façon directe (en face-à-face) ou indirecte (de façon anonyme).

Tout bien considéré, l'inscription juridique récente de la justice restaurative dans la procédure pénale applicable aux mineurs a permis d'impulser la rédaction, en décembre 2021, d'un guide méthodologique par la Direction de la Protection Judiciaire de la Jeunesse, en complémentarité du guide méthodologique publié par le Comité national de justice restaurative en novembre 2020.

Le décret du 23 novembre 2021

Ce dernier décret est venu enrichir l'article D.1-1-1 en précisant que : « Lorsque les conditions prévues par l'article 10-1 sont réunies, et notamment que l'auteur de l'infraction a reconnu avoir commis les faits qui lui sont reprochés, les mesures de justice restaurative peuvent être mises en œuvre y compris si la prescription de l'action publique est acquise ». « En cas de décisions de classement sans suite, de non-lieu, de relaxe ou d'acquittement dans des procédures concernant des infractions sexuelles commises par des majeurs sur des mineurs dont la commission est reconnue par leur auteur mais qui sont motivées par la prescription de l'action publique, le procureur de la République vérifie si une mesure de justice restaurative est susceptible d'être mise en œuvre ». Ce nouvel acte réglementaire stipule, en d'autres termes, qu'à côté des droits au procès, aujourd'hui accordés aux personnes qui ont le rôle principal au sein d'une affaire pénale, ils possèdent aussi des droits éthiques fondamentaux garantis par les textes officiels sur les droits humains en matière criminelle (au sens large) : à la reconnaissance de leur état inaliénable de personne, à leur accompagnement dans une posture d'empowerment et à leur restauration la plus globale possible. Le respect de ces droits est impérieux. En ce sens, le crime détruit irrémédiablement trois croyances sur lesquelles notre vie est basée : celle que le monde qui nous entoure est bienveillant, celle qu'il est bien ordonné (a du sens) et celle que l'on en fait bien partie et y contribuons harmonieusement. Or le crime bouscule ces trois croyances profondément et, souvent, durablement[1]. D'autant plus si la réponse pénale n'est pas/plus possible[2].

Ce même décret ajoute, à l'article D. 1-11-1, qu'au cas de violences au sein du couple (C. pén., art. 132-80) commises en présence d'un mineur (V. égal. C. pén., art. 222-8 s.), le procureur reste vigilant à ce qu'il puisse se constituer partie civile, en étant représenté par un administrateur ad hoc, en tant que témoin et victime. De la même manière, toutes les personnes qui se sentent concernées par les faits en raison de liens entretenus avec l'un ou l'autre des protagonistes peuvent solliciter une mesure de justice restaurative ou y être associées, même si elles ne sont pas parties à la procédure pénale (parents et famille d'un mineur ; représentants légaux ; victime collatérale, proches de la victime dans la sphère sociale, notamment)[3].

Pour terminer, ces nouvelles dispositions renvoient clairement à la loi du 30 juillet 2020 (art. 6 mod. C.pr.pén., art. 41-1) qui interdit le recours à une mission de médiation pénale en cas de « violences au sein du couple relevant de l'article 132-80 du Code pénal ». Cela signifie que la médiation restaurative peut

1. Cario Robert, *Victimologie*, 2012, p. 192.
2. Cario Robert, *Justice restaurative,* Paris, Dalloz, janvier 2022, p. 31-32.
3. Guide méthodologique, *op. cit.*, p. 15, 3.

être proposée à titre principal, sans être juxtaposée à une quelconque mesure alternative aux poursuites.

Le guide méthodologique de la direction de la Protection Judiciaire de la Jeunesse

Ce nouvel outil vise, d'une part, à sensibiliser les professionnels de la PJJ et, d'autre part, à leur offrir toutes les ressources afin de les guider vers une nouvelle acculturation restaurative. Ce guide tente d'offrir toutes les réponses aux interrogations des acteurs de la PJJ sur ce qu'est la justice restaurative, mais encore sur les bénéfices que promeut cette nouvelle pratique tant pour les mineurs que pour les professionnels de terrain. Il est le fruit des travaux conduits au cours des expérimentations nationales par la direction de la Protection Judiciaire de la Jeunesse avec l'ENPJJ, les fédérations associatives et les professionnels des services du secteur public et du secteur associatif habilité de la PJJ. Somme toute, il propose un cadre méthodologique et pratique afin de faciliter la future mise en œuvre des mesures de justice restaurative au sein des services de la PJJ sur tout le territoire national.

Pour toutes ces raisons, la loi du 15 août 2014, la circulaire du 15 mars 2017, l'ordonnance du 11 septembre 2019, les décrets du 21 décembre 2020 et 23 novembre 2021, le guide méthodologique de la DPJJ doivent être appropriés par les professionnels de la Protection Judiciaire de la Jeunesse. Cet espace de dialogue inédit qu'offre la rencontre restaurative semble être réellement avantageux pour les personnes concernées par un conflit. Désormais, il convient d'aborder la mise en œuvre concrète des mesures de justice restaurative.

2

Pratiques restauratives

Les principes de la justice restaurative. Implication et reconnaissance mutuelles, Palabres, actions et encouragements

L'aspect opérationnel de la justice restaurative

Une mesure de justice restaurative est définie comme : « offrant aux personnes intéressées l'opportunité d'une rencontre volontaire afin de discuter des conséquences, et surtout, des répercussions du conflit de nature pénale qui les oppose. Ainsi, grâce à cet espace de parole qui leur est enfin offert, ils peuvent cheminer tous, à leur rythme, vers un authentique horizon d'apaisement[1] ».

La justice restaurative s'applique par le biais de diverses mesures. Elles doivent toutes respecter des caractéristiques primordiales. Premièrement, les participants doivent consentir librement et participer activement au processus restauratif[2]. Deuxièmement, concernant la nature des infractions, elles sont toutes concernées. Des évaluations scientifiques démontrent que plus

1. Cario Robert, *Justice restaurative*, 2022.

2. Les parties pouvant néanmoins retirer leur consentement à tout moment.

les faits sont graves et plus le chemin qui mène à l'apaisement est grand. L'application des mesures restauratives doit donc respecter un protocole strict afin de respecter les droits et les intérêts de chacun pour éviter de nouvelles victimisations des parties.

Présentons maintenant ces trois nouvelles mesures qui s'inscrivent dans la continuité des trois mesures restauratives essentiellement pratiquées dans le monde. De plus, elles présentent un réel intérêt à être connues par les éducateurs de la Protection Judiciaire de la Jeunesse en vue de leur intégration désormais possible pour les mineurs pris en charge.

La médiation restaurative

Elle poursuit les acquis de la première médiation victime-infracteur qui a été expérimentée au début des années 1970 à Kitchener (Ontario) au Canada[1]. Cependant, elle est plus structurée et professionnalisée. Elle permet une rencontre volontaire entre la victime et l'auteur d'une infraction grave et sérieuse, en présence d'un médiateur. Ainsi, les parties échangent sur les répercussions du conflit et cherchent ensemble des solutions qui leur permettront d'en sortir.

La conférence restaurative

Elle est inspirée des pratiques de « Whanau » des Maoris de Wagga en Australie, Nouvelle-Zélande et par les Polynésiens des îles du Pacifique. Ces peuples autochtones attachent une très grande importance à la place de la famille dans la régulation des infractions commises par les mineurs.

Les conférences restauratives sont présentes en Australie, aux États-Unis, au Canada, en Irlande du Nord, au Royaume-Uni et en Belgique notamment. Elles s'adressent aux mineurs comme aux adultes, dans le cadre de contentieux familiaux. Elles impliquent l'auteur, la victime et leurs proches. Mais elles peuvent

1. Cario Robert, *Justice restaurative*, 2022.

aussi rassembler toutes les personnes ayant un intérêt dans la régulation du conflit. Elles sont assimilées à une médiation restaurative élargie, au vu du nombre important de participants (de dix à vingt personnes).

Les rencontres détenus/condamnés-victimes

Éprouvées en Angleterre en 1983, sous le nom de « face to face de groupes », par la suite initiées au Canada en 1987, ces rencontres sont mises en pratique au Québec par le Centre des services de justice réparatrice. Ce sont des rencontres de groupes anonymes de personnes infracteures incarcérées et de personnes victimes (plus précisément dénommées Rencontres détenus/victimes). En France, une introduction expérimentale a eu lieu en 2010 au sein de la maison centrale de Poissy. Des sessions de RDV se multiplient depuis sur l'ensemble du territoire français[1]. De façon semblable, les rencontres condamnés-victimes (RCV) se déroulent en milieu ouvert et en toute autonomie, lors de l'exécution de sanctions au sein de la communauté. Ces mesures respectent le protocole standard de la Justice restaurative.

Les participants à une Session de (RDV ou RCV) sont au nombre de quatre et ne se connaissent pas. Ils ont accompli ou subi des actes de nature proche. « Ce partage des émotions entre personnes ayant été confrontées aux mêmes actes, est de nature à provoquer, de manière inégalée par le système actuel, la « libération » des intéressés (condamné, victime et/ou proches), enserrés dans des postures d'incompréhension, de culpabilité, de

1. R. Cario, Les rencontres restauratives en matière pénale. De la théorie à l'expérimentation des RDV, *In AJpén.*, 2011-6, p. 294 ; O. Millot, Des victimes au parloir : crimes et apaisement, *In Libération*, 29 nov. 2010 ; M. Lefebvre-Billiez, Quand victimes et criminels se parlent, *In Réforme*, 2011-3416, pp. 8-10 ; N. Journet, Juger sans punir. Une justice pour demain ?, *In Sciences humaines*, 2012-241, pp. 24-29 ; R. Cario (Dir.), *Les rencontres détenus-victimes. L'humanité retrouvée,* 2014, coll. Controverses, L'Harmattan, 164 p.

haine, de dévalorisation, d'isolement affectif et social, de grande souffrance finalement[1] ».

Une rencontre en groupes séparés (personnes victimes d'un côté, personnes infracteures de l'autre) intervient sur les lieux où se déroulera la session pour que chacun puisse se présenter avant le début des rencontres plénières. Lors de ces rencontres en groupes séparés, les membres de la communauté sont invités à se présenter eux-mêmes et à rappeler leur rôle dans le dispositif, en aucun cas d'observateur ou de témoin. Dans une posture d'empathie inconditionnelle à l'égard de tous, ce rôle consiste à : écouter, entendre, comprendre ce que les participants souhaiteront échanger, les accompagner de manière inconditionnelle dans cette démarche et les encourager à persévérer dans le cheminement qu'ils ont entrepris vers un potentiel horizon d'apaisement. Mais leur rôle s'arrête là : ni participants au sens strict, ni animateurs[2].

Les cercles restauratifs extra-judiciaires

Ils ont été imaginés par l'Institut Français pour la Justice Restaurative concernant les cas où l'action publique ne peut être introduite comme, par exemple, un auteur inconnu ou décédé, une insuffisance formelle des preuves ou encore une prescription acquise en matière d'infractions à caractère sexuel au sein de la famille, principalement. Dans ce cas, aucune réponse n'est apportée aux personnes victimes et/ou à leurs proches, ni aux membres de leurs communautés d'appartenance. La circulaire du 15 mars 2017 a retenu ce dispositif comme étant particulièrement approprié aux échanges susceptibles d'intervenir dans un espace de parole professionnalisé quant aux seules répercussions de l'acte.

---

1. V. T. Peters, I. Aertsen, Towards Restorative Justice : victimization, victim support and trends in criminal justice, *In Crime and criminal justice in Europe*, 2000, Council of Europe.

2. Cario Robert, *La justice restaurative en France : une utopie créatrice et rationnelle,* Paris, L'Harmattan, 2020, p. 78.

Les cercles restauratifs judiciaires

Ils s'inspirent des Cercles de sentence (présentement dénommés Cercle de détermination de la peine) introduits en 1992 par les juges Barry Stuart[1] (Yukon) et Jean Dutil (Territoires Inuits) notamment, dans la justice pénale canadienne actuelle afin d'établir des liens de proximité entre les cultures et de partager l'exercice de la justice, en présence des aînés, sous le contrôle et avec le soutien, selon les pratiques, des avocats des parties et des représentants des institutions judiciaires[2]. Ses promoteurs les décrivent comme un moyen de nature à conduire à l'appropriation (empowerment) par les participants du processus de justice mis en place, autour des valeurs de respect, de partage, d'honnêteté notamment, l'écoute étant culturellement considérée comme plus importante que la parole[3].

Par conséquent, ils sont élargis à tous les membres de la communauté qui souhaitent y participer, beaucoup plus impliqués en ce sens que dans les autres mesures de Justice restaurative. Les cercles permettent également à chacun de s'exprimer sur les conditions de l'émergence du conflit, ses conséquences et répercussions (aux plans affectif, physique, psychologique et spirituel).

L'important est de soigneusement sélectionner les mesures restauratives qui seront les plus adaptées aux besoins du public

1. Circle sentencing : turning swords into ploughshares, In B. Galaway, J. Hudson (Eds.), *Restorative justice : international perspectives*, Willow tree pub., 1996, pp. 193-206 ; Guiding principles for peacemaking circles, In G. Bazemore, M. Schiff (Eds), *Restorative community justice : repairing harms and transforming communities*, 2001, p. 219 et s. ; B. Stuart, K. Pranis, Peacemaking circles on principal features and primary outcomes, In D. Sullivan, L. Tiff (Eds.), *Handbook of restorative justice*, Ed. Routledge, 2008, pp. 121-133.

2. V. not. M. Jaccoud, Les cercles de guérison et les cercles de sentence autochtones au Canada, *In Criminologie*, 1999-32-1, pp. 79-105 ; C. Grolimund, *La pratique des cercles de sentence sur le territoire du Yukon au Canada : une approche réparatrice de la justice criminelle*, 2018, Univ. Lausanne, multigraph., 37 p.

3. Cario Robert, *La justice restaurative en France : une utopie créatrice et rationnelle,* Paris, L'Harmattan, 2020, pp. 80-81.

mineur. Les mesures de justice restaurative sont favorables pour l'ensemble des futurs bénéficiaires, puisque de nombreuses études scientifiques le démontrent désormais.

Les multiples bénéfices des rencontres restauratives

Au préalable, contrairement au système de justice pénale classique, les participants se sentent « reconnus dans leur globalité de personnes humaines[1] », en d'autres termes, ils affirment être réellement considérés et satisfaits de leur prise en charge par ce nouveau processus restauratif. Entre autres, ils obtiennent des informations concrètes sur la mesure qui est prononcée à leur égard et sur ses modalités. De la même façon, leur participation active à la résolution du conflit, par le partage d'un temps de parole et d'écoute réciproque, leur permet de ressentir un fort sentiment d'équité et « renforce leur sentiment de justice[2] ». Ainsi, ils accordent une plus grande confiance au système pénal. Pour toutes ces raisons, la responsabilisation des acteurs s'accroît puisqu'ils perçoivent mieux le sens des lois et leur mise en œuvre, ce qui leur permet d'y adhérer plus fortement.

Le dialogue offert par cette rencontre permet ensuite aux victimes, d'une part, d'éliminer leur désir de vengeance qui s'estompe[3] et, d'autre part, de réduire leur inquiétude d'être à nouveau victime[4]. L'auteur de l'infraction retrouve son humanité par la sincérité de ses réponses. C'est l'acte qui est désapprouvé, non la personne[5].

Ce nouveau paradigme, plus humaniste et soucieux de ses acteurs, témoigne a fortiori d'une volonté d'encourager et d'accompagner l'auteur de l'infraction vers une prise de conscience de

1. Cario Robert, *Justice restaurative*, 2022.

2. Cario Robert, *Ibid.*, 2022.

3. Cario Robert, *Eod. loc.*

4. *Eod. loc.*

5. *Eod. loc.*

ses facteurs de vulnérabilité, qui pourraient le mener à une éventuelle récidive. En ce sens, la mesure restaurative l'amène à mobiliser ses compétences personnelles pour les limiter et y remédier. Cette aide contribue à mener l'auteur de l'infraction vers la reconnaissance des actes posés. La victime se libère ainsi de toute culpabilité psychique.

Et ce n'est pas tout, les proches des participants, éventuellement présents lors de cette rencontre restaurative, prennent plus facilement conscience des facteurs de risque susceptibles de conduire à une possible récidive. Dans cette optique, ils réfléchissent à des solutions concrètes à mettre en œuvre pour que l'auteur répare ses torts et modifie ses comportements pour l'avenir. Si bien qu'ils s'investissent considérablement auprès des acteurs judiciaires, sociaux et associatifs. Ainsi, plus généralement, ils participent à la prévention de la récidive. La rencontre redonne confiance, par voie de conséquence, à l'ensemble des protagonistes, puisque leur souffrance et le conflit s'atténuent. Mais cela renforce aussi significativement leurs liens. De façon holistique, cela participe donc à la reconstruction du bien-être de chacun et, plus largement, du lien social. Autrement dit, cela permet à l'ensemble des membres d'une même communauté de pouvoir (re)vivre ensemble plus sereinement.

Oser avancer vers un mieux-être restauratif

Pour toutes ces raisons, l'implication personnelle et émotionnelle à une mesure de justice restaurative génère de nombreux changements sur la santé physique et psychique de ses participants. Premièrement, concernant l'aspect psychologique, le partage de leur ressenti et de leur version, lors du déroulé de l'infraction, amène chacun des protagonistes à mieux comprendre la nature des sentiments de l'autre. Par la suite, leur sentiment de colère, de honte, de peur ou de culpabilité diminue. Mieux encore, le processus restauratif mène à une « réparation émotionnelle[1] », c'est-à-dire qu'il propose une délivrance partielle ou totale des

1. Cario Robert, *Ibid.*

parties. Si bien qu'il réduit la dépression et les symptômes de stress post-traumatique souvent ressentis par les victimes.

Deuxièmement, sur le plan physiologique, les troubles du sommeil, la consommation de produits toxiques ou médicamenteux sont amoindris. Néanmoins, il est impératif de souligner que les programmes restauratifs ne sont pas un modèle thérapeutique. En ce sens, à l'issue des rencontres, le pardon qui pourrait être accordé par la victime et/ou sa famille à l'auteur n'est pas un objectif de la justice restaurative. Il en va de même pour la guérison, ce terme n'est pas utilisé dans le sens d'une psychothérapie mais plutôt comme une « guérison du groupe social[1] ».

Vers une diminution de la récidive

L'ensemble de ces facteurs associés tendent donc vers une diminution du taux de récidive. En effet, si l'auteur de l'infraction prend conscience qu'il appartient à la communauté humaine, il a moins de chance de vouloir lui causer à nouveau du tort. Ainsi, les mesures de justice restaurative, de façon plus globale, peuvent conduire vers une dynamique de désistance.

Ses bénéfices font écho d'une manière semblable aux missions fondamentales de la Protection Judiciaire de la Jeunesse. En effet, les mesures de justice restaurative visent principalement à favoriser la responsabilisation des auteurs, leur réinsertion sociale et l'évitement de la récidive. Les échanges avec les différents experts, professionnels et praticiens, spécialistes de la justice restaurative comme Robert Cario, Jessica Filippi, Lode Walgrave et Géraldine Bodart, ont permis de mieux appréhender le cadre et les pratiques qui se sont développés autour de la justice restaurative et notamment concernant les mineurs belges. C'est pourquoi une observation des différentes pratiques à l'égard des mineurs belges a été réalisée concrètement. Cette expérience en Belgique a permis de récolter, d'analyser puis de synthétiser un grand nombre d'éléments pratiques.

---

1. Cario Robert, *Ibid.*

Un choix s'est opéré dans une volonté d'aller découvrir ces mesures restauratives dans un autre pays, en l'espèce la Belgique, étant donné que pour l'instant, au sein des services de la Protection Judiciaire de la Jeunesse, les expérimentations n'en sont qu'à leur commencement. Une brève présentation synthétique du cadre judiciaire de la justice juvénile belge s'impose.

Autres exemples de justice restaurative juvénile en Belgique : Protéger, sanctionner, restaurer. Les missions du Sare

Le caractère protectionnel de la justice des mineurs

Le système de justice juvénile belge est qualifié de « protectionnel » c'est-à-dire que la loi présume que le mineur ne dispose pas d'un discernement nécessaire pour comprendre le caractère pénal de son acte. De ce fait, l'adolescent ne peut pas faire l'objet de peines répressives réservées aux majeurs, mais seulement de mesures qui ont une visée éducative et préventive.

Ainsi, la loi de référence en matière de justice des mineurs belges est celle du 8 avril 1965, modifiée en 2006, et « relative à la protection de la jeunesse et à la prise en charge des mineurs ayant commis un fait qualifié infraction et à la réparation du dommage causé par ce fait[1] ». Ainsi, ce système de justice juvénile belge s'apparente dans sa portée éducative et protectrice à la justice pénale conçue à l'égard des mineurs français.

Présentons un exposé de l'émergence des pratiques restauratives, afin d'apporter un éclairage supplémentaire inhérent au fonctionnement des offres restauratives au sein de la justice des mineurs belge.

L'émergence de la justice restaurative au sein de la justice juvénile en Belgique

Dans les années 2000, le criminologue Lode Walgrave est chargé par le ministère de la Justice d'élaborer un modèle de justice sanctionnel et restauratif, applicable aux mineurs délinquants. La loi relative à la protection de la jeunesse est réformée en 2006 et elle introduit une volonté restaurative plus accentuée. De ce fait, les praticiens et les scientifiques ont déployé de nou-

1. Article 37 bis de la loi du 8 avril 1965 relative à la protection de la jeunesse belge. Justel. 8 avril 1965 [Loi relative à la protection de la jeunesse, à la prise en charge des mineurs ayant commis un fait qualifié infraction et à la réparation du dommage causé par ce fait]. (Consultée le 8 novembre 2019).

velles réponses à la délinquance juvénile puisque leurs préoccupations prioritaires étaient d'apporter une forme de réparation à la victime et une réponse éducative à l'adolescent, afin de favoriser sa responsabilisation. Cela permet de restaurer par conséquent le lien social entre les parties qui a été brisé par l'infraction.

Ces réponses novatrices sont donc qualifiées « d'offres restauratrices ». En effet, cette dénomination « d'offre » et non de « mesure » s'explique par le fait qu'elle est « proposée » à l'auteur et à la victime. Elle n'est pas « imposée » de façon unilatérale aux parties puisqu'elles ont la possibilité d'y adhérer ou de la refuser. Elles se concrétisent sous la forme de médiation et de Concertation Restauratrice en Groupe, les CRG. La loi stipule que les offres restauratrices doivent être envisagées par le juge et le tribunal comme première réponse aux faits commis par les mineurs à la seule condition qu'une victime soit identifiée. Elles peuvent être prononcées de façon autonome en fonction de la personnalité et du parcours du mineur ou en complémentarité avec une autre mesure.

Pratique de la justice restaurative du Centre Gacep

Il est temps désormais d'exposer comment est mise en œuvre la justice restaurative à l'égard des mineurs en Belgique. Nous avons choisi comme exemple le centre Guidance d'Actions Compensatrices, Éducatives et Probatoires (Gacep) situé à Charleroi, Service d'Actions Restauratrices et Éducatives (Sare). Il réalise concrètement plusieurs types de mesures restauratives.

Le cadre juridique du Sare

La Belgique est un État fédéral qui se compose de trois communautés (la Communauté flamande, la Communauté française et la Communauté germanophone) et de trois régions (Flamande, Wallone et Bruxelles-capitale). Le Service d'Actions Restauratrices et Éducatives (Sare) est un service privé, agréé et subventionné par le gouvernement de la Communauté française.

L'ensemble des professionnels du Service effectuent un travail sous mandat judiciaire qui peut émaner du parquet, du juge ou du tribunal de la jeunesse. Pour mieux comprendre comment fonctionne l'ensemble de l'équipe de praticiens du SARE, il convient de revenir plus en détail sur leurs fonctions.

Les fonctions des intervenants du Centre Gacep

Lors de la présentation des différents professionnels de ce centre, nous sommes étonnés par le canevas spécifique et varié de l'équipe. Elle est composée d'une criminologue/juriste, de cinq assistantes sociales, d'une assistante en psychologie, d'un psychologue et d'un éducateur. L'ensemble de ces professionnels exercent la même fonction « d'intervenant psychosocial » et dans cette perspective les mêmes missions.

Au vu de ce premier constat, il est à noter que la pluridisciplinarité n'est pas instaurée de la même façon qu'au sein des Unités Éducatives de Milieu Ouvert de la Protection Judiciaire de la Jeunesse (PJJ). Cette dernière offre une multidisciplinarité moins élargie. Les équipes comptent trois profils de professionnels : l'éducateur, la psychologue et l'assistante sociale. Autrement dit, les pratiques françaises sont cloisonnées. Les caractéristiques de chaque praticien lors des interventions éducatives ne se recoupent pas puisqu'elles répondent à une fiche de poste spécifique pour chaque corps de métier. L'ensemble des mesures éducatives sont ainsi menées par un éducateur seul. Néanmoins, la Mesure Judiciaire d'Investigation Éducative (MJIE) rassemble l'éducateur, la psychologue et/ou de l'assistance sociale, puisqu'elle est par essence une démarche dynamique d'investigation, afin de rendre compte, de façon éducative, psychologique et sociale, des problématiques de la situation d'un mineur. Son objectif est d'établir des hypothèses et de proposer de nouvelles réponses pour faire évoluer la situation.

Il est donc intéressant de repérer que la pluridisciplinarité peut se concrétiser de façon différente. Pour les professionnels belges, cette configuration présente certains avantages. Premièrement, elle apporte une vision plus large sur les problématiques des mineurs en situation de délinquance et des réponses à leur apporter, ce qui favorise les échanges de points de vue. Deuxièmement, en termes de management, elle permet à chaque praticien de prendre en charge tous les dossiers, ce qui conduit à une meilleure répartition de la charge de travail.

La mission principale du Centre Gacep est d'apporter une réponse restauratrice et éducative aux faits délictueux commis par les mineurs. D'une manière semblable, les mandats qu'ils exercent ressemblent aux mesures éducatives judiciaires qui sont exercées par les services de la Protection Judiciaire de la Jeunesse, notamment en Unité Éducative de Milieu Ouvert. Plus précisément, trois modalités de prise en charge sont privilégiées : la prestation éducative et d'intérêt général, la médiation et la concertation restauratrice en groupe.

Cette précision étant faite, au sein de la partie suivante est détaillée l'une de ces offres restauratives, soit la médiation restaurative à l'égard des mineurs belges, puisque la deuxième offre, la conférence restauratrice en groupe, sera développée plus loin.

La médiation restaurative

La médiation restaurative est définie par le Centre Gacep comme « un espace de rencontre entre l'auteur et la victime dans lequel les parties peuvent s'exprimer sur les faits et leurs conséquences émotionnelles, relationnelles et/ou matérielles, ainsi que leurs répercussions futures[1] ».

---

1. « En plus des conséquences de l'infraction, mais sans lien direct et immédiat a priori avec l'acte infractionnel, les répercussions sont d'ordre personnel, familial, professionnel, culturel et/ou social », Cario Robert, *Justice restaurative*, 2018.

Une démarche volontaire, confidentielle et impartiale

La première caractéristique de la médiation restaurative est son caractère volontaire, c'est-à-dire que la victime et l'auteur ont le choix d'accepter ou de refuser d'y participer, tout au long du processus. En effet, les parties peuvent décider d'interrompre la démarche à n'importe quel moment si elles le souhaitent, sans devoir en justifier la raison : « Parfois l'une des parties se rend compte que ses attentes ne sont pas les mêmes que l'autre partie alors elle arrête la démarche en cours car elle n'y voit plus d'intérêt... », confie une médiatrice du Gacep. Ce principe est mentionné dans les dépliants explicatifs remis aux parties, dans les courriers qui leur sont envoyés ainsi que lors des entretiens. Les parties expriment donc clairement leur accord au médiateur, lorsqu'elles s'engagent volontairement dans le processus.

La deuxième caractéristique est le principe de confidentialité qui est un gage de sécurité pour les parties, puisque le médiateur leur garantit que l'ensemble des échanges ne sera pas divulgué. En ce sens, le juge ou le procureur sont informés par un rapport succinct dans lequel le médiateur précise uniquement si les parties ont accepté ou non de participer à la médiation.

Le Centre Gacep a choisi d'énoncer laquelle des deux parties ne souhaite pas participer au processus pour ne pas pénaliser l'auteur mineur, lorsque la victime refuse d'y adhérer. Cependant, d'un commun accord, les parties peuvent décider de porter à la connaissance des autorités judiciaires certains éléments afin que le juge en tienne compte dans sa décision : « La victime a besoin que le juge soit au courant si elle a besoin d'une indemnisation par exemple et pareil pour l'auteur mineur lorsqu'il a décidé de mettre en place des choses pour réparer et ne pas recommencer ; s'ils participent à ce type de processus c'est sûrement aussi pour y gagner quelque chose, c'est du 50-50 », selon Antonio Buonatesta (directeur de Médiante). A contrario, les parties peuvent ne pas consentir au partage des éléments pour ne pas influencer le jugement. Par conséquent, cette condition favorise une communication plus libre, sincère et profonde entre les parties : « On remarque tout de suite que leurs échanges sont plus vrais », remarque un médiateur Gacep. L'objectif de cette communication est de tenter de trouver des solutions qui soient satisfaisantes pour chacun afin de sortir du conflit, avec l'aide d'un médiateur impartial.

À cet égard, la dernière caractéristique que le médiateur doit respecter dans le cadre de la pratique de la médiation est celle de l'impartialité qui est un principe déontologique. Les praticiens du Centre Gacep utilisent un qualificatif qu'ils considèrent plus adapté : la « multipartialité » ou « pluripartialité ». Être « multipartial », c'est être ni pour l'un ni pour l'autre, ni être l'allié de l'un plutôt que de l'autre, mais totalement avec l'un et totalement avec l'autre.

En ce sens, lors des entretiens individuels médiateur/victime ou médiateur/auteur, cette posture permet d'être pleinement à l'écoute et en empathie avec les parties. Le lien qui se crée est authentique puisque le médiateur reste lui-même : « J'aime pas quand on parle de neutralité du médiateur, parce que c'est faux, on n'est jamais neutre, alors ça voudrait dire que tu te forces, t'es pas crédible alors que quand t'es pluripartial, t'es entier avec l'auteur et la victime et là, ça a un réel intérêt pour les personnes », dixit un médiateur Gacep.

L'impartialité du médiateur se décline autour de son indépendance, c'est-à-dire qu'il ne doit pas être lié de près ou de loin avec l'une des parties, par exemple : il ne doit pas être impliqué en parallèle auprès du mineur dans une autre mesure éducative. Ainsi, le médiateur est sans parti pris, lorsqu'il intervient auprès de l'auteur et de la victime ; il ne doit pas donner son opinion personnelle ou émettre de jugement : « On prend tout ce que l'auteur et la victime nous dit, on ne juge pas, on ne s'implique pas », déclare une directrice Gacep. Enfin, le médiateur doit contrôler ses émotions personnelles qui peuvent quelques fois entrer en résonance lors du processus, de manière à ne pas être influencé et à ne pas avantager l'une des parties : « Ce n'est pas toujours simple d'être superpartial quand on voit une victime hyper traumatisée et un auteur mineur qui s'en fout, ou encore lorsqu'une victime est très vindicative à l'égard du jeune et qu'elle veut juste qu'il soit puni sévèrement pour ce qu'il a fait », confie une autre médiatrice Gacep.

Pour toutes ces raisons, lors du déroulé de la rencontre en présence de la victime et de l'auteur, le médiateur doit se situer au milieu des parties, son autorité se limite à les aider à communiquer, c'est pourquoi il n'est ni juge ni arbitre. Par ailleurs, la dénomination d'intervenant psychosocial utilisé pour définir les praticiens du Centre Gacep illustre de même cette philosophie « multipartiale », exercée par le médiateur lors de son intervention auprès des parties. De prime abord, cette appellation peut paraître anodine mais elle a toute son importance. Lorsque le médiateur intervient parallèlement dans une mission de prise en charge et d'éducation des mineurs, immanquablement, il est identifié par la victime comme étant centré uniquement sur les mineurs dans le cadre de cette fonction. Pour illustrer ce propos, dans le cas hypothétique où le médiateur, lors de ses interventions auprès de la victime, se présenterait avec sa fonction de travailleur social, inévitablement, la victime pourrait penser, d'une part, qu'il est l'éducateur du jeune et, d'autre part, qu'au vu de son rôle éducatif et de sa proximité avec les mineurs, il est probable qu'il se positionne d'emblée du côté de l'auteur. Ce choix de vocabulaire « d'intervenant psychosocial » est donc primordial pour affirmer son impartialité et pour éviter toute confusion de ses deux fonctions. Ne pas être en position de travailleur social permet en ce sens d'échapper à toute forme d'instrumentalisation de la victime qui mène à son insécurité ou à sa victimisation secondaire, mais cela pourrait aussi être un frein à sa participation au sein du processus.

La médiation offre aux participants la possibilité d'agir en acteurs responsables, puisqu'ils prennent un rôle actif au sein de leur affaire[1]. Il convient donc de définir le rôle du médiateur.

1. Définition issue du projet pédagogique d'unité du Centre Gacep.

Le médiateur : vigie de la communication

Le projet pédagogique du Centre Gacep l'a ainsi défini : « le médiateur veille à ce qu'un cadre de communication sécurisant soit mis en place pour qu'un dialogue puisse être entamé afin de rendre possible la recherche de solutions aux conséquences du fait, ainsi qu'à ses répercussions et ce, dans le respect des attentes et dispositions de chacun ». Une médiatrice précise : « Pour moi, être médiateur c'est aider les gens à trouver eux-mêmes leurs solutions à l'aide de nos compétences professionnelles[1] », un autre d'ajouter : « être médiateur, je dirais que c'est faciliter la communication ».

Le médiateur joue un rôle entre les parties lorsque la relation est dégradée ou que la communication ne passe plus entre elles en accompagnant « ce qui fait problème ». Il amène les parties, par l'organisation des échanges, la reformulation, à sortir des malentendus, à entendre le point de vue de l'autre, afin de passer de la « confrontation à la compréhension », voire à la collaboration. Ainsi, il garantit un temps de parole équitable entre tous les participants afin qu'ils puissent s'exprimer librement et en toute confiance.

La médiation fait ainsi appel à un ensemble de compétences particulières du médiateur comme la rigueur, le non-jugement, la diplomatie, la créativité, mais avant tout, à des techniques très spécifiques de la communication qui exigent d'être formé.

D'une mission d'éducation à une mission de médiation

Les différents praticiens du Centre Gacep et Antonio Buonatesta[2] témoignent de la difficulté pour les médiateurs de se décentrer par rapport à l'auteur. Autrement dit, passer d'une mis-

1. Propos recueillis au sein du Centre Gacep, dans le cadre des entretiens semi-directifs réalisés en Belgique.

2. Directeur du service « Mediante » qui organise des médiations restauratrices entre auteurs et victimes majeurs d'infraction à Charleroi (Belgique).

sion d'éducation à une mission de médiation : « c'est pas toujours facile de faire preuve d'empathie quand la victime diabolise le jeune, surtout lorsqu'on a une formation d'éducatrice de base et qu'on doit rester impartiale ».

Il est possible de faire un parallèle avec un éducateur de la PJJ qui deviendrait médiateur de justice restaurative : quel est l'intérêt de ce changement de posture ? Quels sont ses avantages et ses limites ?

Quand un éducateur devient médiateur, un changement de posture professionnelle est fondamental, puisqu'il n'exerce plus la même mission. L'éducateur ne pratique plus une mission purement éducative, il offre la possibilité au mineur et à la victime d'accéder à un espace de communication. Par cette nouvelle approche, l'éducateur s'engage dans un nouveau rôle professionnel. Il sort de sa mission d'éducation provisoirement, ce qui ne veut pas dire qu'il y renonce. Par cette nouvelle intervention, l'éducateur rend le conflit aux parties et leur permet d'être acteurs des décisions qui les concernent, en les aidant à trouver en eux-mêmes les solutions. Le médiateur facilite les échanges, pour mener à une réparation et à une restauration de chacune des parties. Il leur offre une nouvelle manière de voir, de penser et d'agir.

Les intervenants psychosociaux remarquent que ce changement de posture opère un changement dans leur action éducative auprès des mineurs et qu'ils progressent dans leur mission. Par exemple, le fait d'être en contact avec les victimes et d'intervenir auprès d'elles, permet d'avoir une meilleure compréhension de ce qu'elles sont. Ces connaissances en victimologie permettent à l'éducateur de se servir de cette expérience pour mieux éduquer l'adolescent. Durant les entretiens éducatifs, il peut illustrer ses propos en s'appuyant sur des situations concrètes, afin de développer son empathie et son sens de l'altérité.

Cette posture aide l'éducateur à lâcher prise sur les objectifs éducatifs qu'il fixe quelquefois en se projetant à la place du mineur. Il est plus à son écoute et fait preuve d'humilité pour mieux accueillir ses attentes, ses ressentis, ses émotions et ses besoins, ce qui revient à dire que le praticien ne chemine plus pour lui mais plutôt avec lui.

Devenir médiateur, lorsqu'on est éducateur, amène enfin à changer de regard sur les auteurs et les victimes, ce qui permet de devenir un meilleur praticien de la relation éducative. Ce nouveau paradigme offre une nouvelle pratique professionnelle, qui doit être pensée comme une rupture avec ses méthodes d'intervention habituelles. En ce sens, l'éducateur doit se « déformater » de sa fonction d'éducateur, pour construire un nouveau socle de compétences professionnelles par de nouvelles techniques et méthodes propres au processus restauratif. Néanmoins, le médiateur mobilise certaines de ses qualités relationnelles comme l'empathie, la bienveillance, la patience, mais aussi son éthique, comme la non-discrimination, le respect des droits et libertés des personnes, principalement le non-jugement.

L'ensemble de ces savoir-être et de ces gestes professionnels acquis sont nécessaires pour que le processus restauratif se construise de façon sécurisée et respectueuse pour les participants. Le médiateur doit rester vigilant dans le cadre de sa nouvelle pratique, il ne doit plus raisonner en termes d'objectif éducatif, qui reste centré uniquement sur l'auteur mineur, ce qui instrumentalise la victime. Autrement dit, il doit réfléchir en termes d'attentes et de besoins à satisfaire. Par ce décentrage, il établit un réel équilibre, primordial pour l'intérêt des deux parties durant le processus.

Il apparaît très prometteur que des éducateurs puissent s'engager vers ces pratiques restauratives puisqu'elles ouvrent la voie à de nouvelles façons d'appréhender la délinquance juvénile. Il s'agit de vivre la relation d'aide d'une autre manière, moins dissymétrique, en associant les parties comme expertes dans la réflexion et la gestion de leur conflit.

Ce nouveau processus permet de valoriser le mineur infracteur et la victime, en considérant leurs ressources, leurs compétences et leurs capacités, ce qui favorise en eux un véritable pouvoir d'agir. Cette participation renforce leur niveau d'estime de soi puisqu'ils retrouvent la maîtrise de leurs vies et qu'ils croient de nouveau en l'avenir. Cette considération étant faite, il convient d'expliquer comment se déroule concrètement une médiation restaurative au sein du Centre Gacep.

Le déroulement d'une médiation restaurative

La démarche de médiation peut se dérouler selon deux modalités. La première est de façon directe : la rencontre a lieu entre les parties au travers d'un échange en face à face. La deuxième est de manière indirecte. Elle a lieu lorsque l'une des parties ne souhaite pas rencontrer l'autre partie, par exemple lorsque la rencontre directe apparaît comme trop éprouvante pour l'une d'entre elles. Dans ce cas, le médiateur propose aux parties d'être un intermédiaire si elles le souhaitent. Il peut établir une communication afin de tenter de trouver, éventuellement, un accord. Les participants peuvent choisir deux modalités de communication. La première possibilité est que le médiateur écoute chaque partie et retransmet ensuite à l'autre partie les informations et les questionnements qui lui ont été transmis. La deuxième alternative permet aux parties de communiquer par écrit, par exemple avec une lettre, ou en utilisant un enregistrement audio ou vidéo. Évidemment, les médiés sont libres d'envisager d'autres formes de communication indirectes.

Les attentes et les besoins des participants peuvent par conséquent être échangés sans qu'il soit nécessaire de parvenir à une rencontre, puisque l'ensemble des étapes de la médiation indirecte fait partie du processus, pour parvenir ou non à un accord. D'ailleurs, même si les médiés ne parviennent pas à trouver un accord, le processus seul peut leur être tout aussi bénéfique.

Dans le prochain chapitre est présentée une vignette illustrative d'une médiation restaurative directe. Cette présentation a pour objectif, d'une part, de mettre en lumière une pratique encore peu connue de justice restaurative qui pourrait s'avérer être intéressante pour la future pratique des éducateurs de la PJJ qui deviendraient médiateurs. D'autre part, cette illustration a pour but d'apporter une meilleure compréhension de ce nouveau processus, au travers d'une situation concrète. Un canevas général est défini au sein de cet exemple mais, en pratique, le schéma n'est pas si strict. En effet, la richesse de la médiation se trouve dans sa capacité à s'adapter à chaque participant. Elle est particulièrement flexible et créative.

Mise en pratique de la médiation restaurative

La médiation peut être proposée par le procureur ou le juge de la jeunesse. Soit le ministère public envoie un courrier au mineur (et à ses responsables civils) et à la victime, soit c'est le Service d'Actions Éducatives et Restauratrices qui s'en charge. Dans les deux cas, les magistrats informent les parties que le Centre Gacep est mandaté pour essayer d'organiser une médiation. Les parties sont invitées à prendre contact avec le SARE.

Si le médiateur référent du dossier est sans nouvelles des parties, comme suite au courrier envoyé par les magistrats, il leur envoie un courrier pour leur proposer un premier rendez-vous, en précisant que l'autre partie ne sera pas présente, afin de les rassurer. Néanmoins, la démarche diffère selon la partie. Concernant l'auteur, le médiateur propose un premier entretien au sein du service tandis que pour la victime, il lui propose une visite au sein de son domicile dont l'adresse leur a été communiquée par le Procureur. Ce choix est stratégique pour les praticiens. Ils affirment qu'il est plus facile pour eux d'entrer en contact avec une victime par ce biais. Pour illustrer ce propos, les médiateurs n'ont pas accès aux coordonnées téléphoniques de la victime, ainsi, si elle ne les rappelle pas, ils ont peu de chance de la rencontrer. Mais dans le cas où la victime les contacte par téléphone, les chances d'établir un climat de confiance à distance sont moindres, contrairement à une rencontre en face-à-face, entre le médiateur et la victime. Les médiateurs estiment que lorsque cette rencontre directe a lieu, les chances pour que la victime participe au processus sont beaucoup plus grandes. Par conséquent, la première rencontre organisée entre le médiateur et les parties est fondamentale pour la suite des étapes du processus.

Emma et Gabriel

Potentiel et limite d'un processus de justice restaurative auprès des mineurs

Avant de les développer, une présentation liminaire de la situation d'Emma et Gabriel apparaît primordiale. Ces deux adolescents, scolarisés au sein du même lycée, ont eu une relation amoureuse. Quelques mois après leur séparation, Gabriel a divulgué une vidéo de la mineure dénudée à un grand nombre d'élèves, au sein de l'établissement scolaire. Emma a porté plainte. Le procureur leur a ensuite proposé de participer à une médiation et les deux mineurs ont accepté d'y participer.

L'entretien de présentation de la médiation restaurative

Dans un premier temps, le médiateur a consulté le procès-verbal de police judiciaire d'Emma et Gabriel qui est disponible au tribunal. Il s'est appuyé sur leurs auditions auprès de la police, afin de recueillir le plus d'informations possibles sur leur conflit. Dans un second temps, le médiateur s'est rendu au domicile de l'adolescente. Il l'a rencontrée en présence de ses parents. En effet, Emma est encore mineure et elle est placée sous la responsabilité de ses représentants légaux. Le médiateur doit veiller à associer les parents ou les titulaires de l'autorité parentale à l'ensemble des phases décisives du processus. Leur participation peut leur offrir la possibilité de renforcer et valoriser leur posture parentale auprès de leur enfant ainsi que des victimes.

Ensuite, il a présenté la médiation à chacun d'entre eux. Il a entendu la mineure sur les faits, sur leur contexte et leurs répercussions sur elle. Il a ensuite demandé à Emma si elle souhaitait y participer et à ses parents l'accord pour qu'elle entre au sein du processus. À cet instant, le médiateur souligne l'importance, durant la rencontre, que l'adolescente puisse s'exprimer librement, quand bien même ceux-ci souhaitent participer à la rencontre. Elle a répondu positivement à cette proposition. Cette étape s'avère particulièrement intéressante pour le médiateur car il peut mesurer l'implication et le soutien des parents à l'égard de l'adolescente. Le praticien a procédé de la même manière, en rencontrant l'auteur et ses parents lors d'un entretien au sein du Centre Gacep. À la fin de cet entretien, le médiateur demande à l'auteur mineur s'il serait d'accord pour qu'il communique avec son intervenant judiciaire, afin d'obtenir d'autres éléments sur sa situation personnelle et pénale. Cette autorisation est formalisée par un écrit. Pour finir, le médiateur a recueilli l'« accord de principe » de chacun.e et il a ajouté que la présence parentale, durant l'éventuelle rencontre plénière, était très souhaitable.

Il est essentiel que le médiateur traite les parties de façon identique, ce qui renvoie à l'un des critères éthiques, à savoir la multipartialité. La démarche du praticien illustre l'un des principes fondamentaux de la justice restaurative, qui est de considérer que l'infraction n'est pas une atteinte à une personne, mais plutôt un conflit entre les parties, ce qui empêche une quelconque stigmatisation.

Lors de ce premier entretien individuel, le médiateur tient une posture empathique avec les parties afin d'instaurer un climat de sécurité, ce qui les aide à exprimer plus facilement ce qu'elles désirent réellement. Mais aussi, ce positionnement permet d'établir une relation de confiance. Ensuite, le médiateur donne une information claire et complète sur le processus de médiation et ses principes déontologiques. Il rappelle son caractère confidentiel, en soulignant qu'il ne divulguera à quiconque le contenu des entretiens, afin de sécuriser les participants. Puis, le praticien répond aux éventuelles questions relatives à leurs préoccupations ou craintes à l'égard de la démarche. Il écoute attentivement les attentes et les besoins de chaque partie qui peuvent être matériels et/ou émotionnels, afin de diagnostiquer si les espoirs qu'elle projette pourraient mener à une rencontre directe ou indirecte. Il leur signifie qu'à ce stade du processus, aucune certitude de rencontre n'est acquise. Il s'agit seulement de l'envisager et de préparer Emma aux réponses susceptibles d'être apportées à sa demande par l'autre partie. Pour finir, il insiste sur le consentement libre et éclairé des parties qui s'engagent au sein du processus en mentionnant son caractère volontaire.

À la fin de ce premier entretien, il recueille ou non leur accord de principe pour participer à la médiation. Dans le cas où les parties se sont accordées entre elles pour entrer au sein du processus restauratif de façon directe ou indirecte, le médiateur rédige un rapport de faisabilité succinct qu'il envoie au juge ou au Procureur où il énonce qu'il a obtenu leur accord et que la médiation peut débuter. À l'inverse, si les parties n'ont pas trouvé d'accord, il rédige un rapport de non-faisabilité et le processus s'arrête.

Dans cette situation, Emma et Gabriel ont accepté de prendre part au processus de façon directe. Cette étape renvoie à l'une des caractéristiques de la justice restaurative puisqu'elle formalise la prise en compte de leurs besoins et de leurs attentes. Ainsi, les adolescents deviennent acteurs et ils développent leur pouvoir d'agir. Il convient désormais de passer à la prochaine étape qui est une préparation de l'ensemble des parties au travers des entretiens préparatoires.

Les entretiens préparatoires

Avant même que ne débute la rencontre, les parties ont besoin de plusieurs entretiens individuels afin de se préparer au mieux pour cette dernière. Il est recommandé que les médiateurs organisent au moins trois entretiens individuels avec chaque partie et de les espacer d'une à deux semaines, afin de laisser un temps de réflexion aux parties quant à leurs questionnements ou concernant la formalisation de leurs attentes[1].

Lors de ces entretiens préparatoires, mais aussi, lors des étapes ultérieures, Robert Cario souligne au sein de son dernier ouvrage « Grandeurs et vicissitudes de la justice restaurative en France » la sagacité, le bien-fondé voire la nécessité absolue

1. Préconisation des professionnels de l'IFJR au sein du protocole.

d'appliquer les principes et la méthodologie de l'approche relationnelle proposée par Serge Charbonneau et Catherine Rossi[1] afin de tendre vers la pleine efficience des « ateliers restauratifs »[2]. Cet objectif n'est atteignable que si les animateurs-médiateurs restauratifs appliquent consciencieusement ses principes.

L'attention positive, l'écoute et la congruence

Le médiateur est centré sur la personne qu'il accueille sincèrement en tenant une posture d'attention positive, d'écoute et de congruence. Les objectifs du professionnel de la médiation sont, d'une part, d'offrir aux participants la possibilité de s'exprimer de façon authentique sur leurs motivations, leurs attentes et leurs émotions. D'autre part, il est primordial de préparer l'une des parties à l'éventuelle absence de réponse, voire d'une réponse différente ou négative de l'autre participant, afin d'anticiper toute frustration particulière. Le médiateur les prépare par conséquent à se projeter dans la rencontre, en scénarisant leur participation, potentiellement éprouvante émotionnellement à certains moments.

Durant les premiers entretiens préparatoires, le médiateur a perçu que Gabriel et Emma ressentaient le besoin d'échanger sur les faits, mais aussi qu'ils voulaient exprimer leurs attentes concernant le déroulé de la médiation. Les entretiens préparatoires ont été importants pour eux puisqu'ils leur ont permis d'obtenir des renseignements complémentaires et des réponses concrètes à leurs interrogations.

Les adolescents ont été assurés, avant la rencontre, que tout ce qui concerne leur sécurité (autant physique que psychique) serait scrupuleusement garanti. Le médiateur est là pour accompagner chaque participant dans ses besoins spécifiques pour que les échanges se déroulent dans les meilleures conditions. Par

1. S. Charbonneau, C. Rossi, *La médiation relationnelle. Rencontres de dialogue et justice réparatrice*, Ed. L'Harmattan, coll. Criminologie, 2020, pp. 77-165.

2. S. Charbonneau, C. Rossi, *Ibid.*, p 42.

exemple, les parties ont proposé au médiateur de réaliser le début de la médiation sans la présence de leur(s) parent(s) ou de leur représentant légal. En effet, au regard des caractères personnel et intime des faits, les mineurs avaient besoin de s'exprimer de façon libre et authentique, ce qui aurait été sans doute plus compliqué en présence de leur famille. Le médiateur a transmis leurs souhaits aux parents et ils ont accepté leur proposition. Ces entretiens sont aussi l'occasion pour le médiateur de réaliser que les attentes des parties sont finalement contraires. Il peut donc décider de ne pas organiser de rencontre au vu d'un potentiel risque pour les parties. Ainsi, il doit leur faire part de son constat et parfois interrompre le processus. Le médiateur leur a finalement expliqué clairement le cadre et les étapes de la rencontre ainsi que l'ensemble des règles à respecter durant cette dernière.

La rencontre entre les parties

Le médiateur a contacté Gabriel et Emma pour les informer que la rencontre allait se dérouler au sein du Centre Gacep et pour que chacun puisse proposer une date et un créneau horaire. Ils ont convenu de se rencontrer le vendredi 1er mars 2019. Le jour du rendez-vous, Emma est accueillie la première à 9h00 puis elle est dirigée dans une pièce pour patienter avant l'arrivée de Gabriel qui est prévue à 9h30. Dès son arrivée, il est également accompagné pour attendre dans une autre salle. Cette organisation permet, d'un côté, aux adolescents de ne pas se croiser, avant l'échange en face à face, ce qui peut les aider à diminuer leurs angoisses ou leur peur. D'un autre côté, cela permet au médiateur de les revoir individuellement avant la rencontre, afin de vérifier s'ils sont prêts. Le praticien leur énonce qu'ils peuvent compter sur sa bienveillance et son soutien en cas de besoin. Par exemple, si l'un des participants ressent un sentiment d'anxiété, le médiateur va tout mettre en œuvre pour le rassurer pour la prochaine étape.

Puis, Emma et Gabriel sont invités par le médiateur à entrer dans une salle neutre, qui est inconnue des participants. Ce lieu doit être de nature à garantir la confidentialité des échanges. Il doit être adapté aux besoins des participants. Ils peuvent définir, par exemple, leur place et la configuration de la salle. Ils sont libres de se placer où ils le souhaitent en s'asseyant autour d'une table ronde. La durée d'une rencontre est très flexible puisqu'elle s'adapte aux besoins des participants. Elle peut être comprise entre quarante-cinq minutes et plus de deux heures.

L'introduction à la médiation restaurative

En guise d'introduction, le médiateur balise le début de l'intervention. Il présente son rôle durant le processus[1], en soulignant qu'il est présent pour établir un climat de dialogue et de confiance mutuels, afin d'aider Gabriel et Emma à exprimer leurs points de vue et à mettre en évidence leurs intérêts et leurs besoins, en vue d'établir un accord acceptable pour tous. Il pose ensuite le cadre, en rappelant le caractère volontaire et confidentiel de la médiation. Il rappelle en outre que l'une des parties peut décider d'interrompre le processus à tout moment. Il énonce également les règles que chaque participant doit respecter, concernant l'écoute attentive, la prise de parole à tour de rôle, le respect de l'autre, en proscrivant les injures, les termes blessants ou les gestes grossiers. À la suite de cette phase introductive, le médiateur passe à la prochaine étape qui est centrée sur l'exposé des faits, des ressentis et leurs impacts sur les adolescents.

L'exposé des faits et leurs répercussions futures

Lors de cette étape, le médiateur demande à Emma et Gabriel de détailler l'un après l'autre leur version des événements : « Quels sont les faits qui vous amènent ici ? Que s'est-il passé ? » Son rôle est fondamental puisqu'il permet aux mineurs d'exprimer clairement leurs sentiments et leurs perceptions, afin d'amener vers une compréhension mutuelle. Néanmoins, le médiateur adopte une position de retrait puisqu'il favorise simplement la communication sans prendre part aux échanges. Emma et Gabriel

1. V. *Supra,* « le rôle du médiateur », p. 64.

peuvent décrire comment cela s'est produit et faire part de l'ensemble des émotions qu'ils ont ressenties à ce moment-là. Emma prend la parole en premier et exprime son sentiment de colère et sa souffrance : « Ce que tu m'as fait c'est grave, c'est pas sans conséquences pour une fille, j'ai énormément souffert que tout le monde ait vu les photos ». Par la suite, Gabriel a pu énoncer : « Je voulais pas te blesser, c'était pas mon intention, j'ai pas réfléchi ». Les adolescents peuvent partager les conséquences passées et présentes de ces faits sur leur vie. Emma avoue : « Je voulais plus aller au lycée, à cause de toi j'avais trop honte, j'aimerais que tu prennes conscience de ce que tu as fait, pour être sûre que tu ne recommenceras pas avec d'autres ». Cet échange est l'occasion pour les participants de poser toutes les questions qu'ils souhaitent. Par exemple, Emma demande : « Pourquoi tu m'as fait ça à moi après la relation qu'on a eue, c'était par vengeance ? » et Gabriel a répondu : « Pas du tout, j'étais juste fier des photos, c'était pour crâner auprès de mes copains ».

En principe, cette étape est la plus appréhendée par les parties puisqu'elle vient bousculer leurs émotions qu'elles soient positives ou négatives. Néanmoins, cette phase est considérablement profonde pour les participants, puisque généralement c'est la plus déterminante pour eux. À la suite de ces échanges, Gabriel a pris conscience des conséquences de ces actes et des répercussions de ces actes : « Je me rends compte que ce que j'ai fait ce n'est pas bien » et il s'est excusé auprès d'Emma.

Lorsqu'enfin le médiateur a considéré que tous les sujets et les questionnements étaient abordés, il propose de réfléchir à « Comment faire pour réparer toutes les conséquences du conflit afin de mieux vivre avec pour l'avenir ? »

Les options envisageables

Les options sont les pistes des solutions qui sont imaginées librement par Gabriel et Emma pour sortir du conflit. L'objectif pour le médiateur est de les amener à trouver s'ils le désirent un accord qui répondrait à leurs attentes et à leurs intérêts. Ces options peuvent être de nature matérielle, émotionnelle et/ou relationnelle. Dans cette situation, seul le préjudice émotionnel est présent pour Emma. Gabriel a fait plusieurs propositions d'engagement. La première : « Je te promets que j'ai supprimé la vidéo et que j'irai voir chaque personne pour vérifier qu'ils n'ont plus la vidéo ». La deuxième : « À l'avenir, je veillerai à être plus respectueux dans mes relations futures et je ne demanderai plus de vidéos comme celle-ci à mes copines ». Troisièmement : « Je n'alimenterai plus les rumeurs et si quelqu'un veut en reparler je mettrai fin à la discussion ». Enfin : « Si on se croise je te dirai bonjour d'un signe de la main et je t'importunerai plus ». Parmi toutes les pistes élaborées, les adolescents sont amenés à déterminer celles qu'ils souhaitent retenir afin que le médiateur rédige l'accord. Néanmoins, s'ils ne parviennent pas à un accord, le processus s'arrête.

La rédaction de l'accord des parties

Lors de cette dernière étape, Emma n'a pas accepté l'ensemble des engagements proposés par Gabriel. Elle a souhaité modifier une proposition : « Si tu me croises, je préfère que tu m'ignores ». Le mineur a accepté et ils se sont mis d'accord sur l'ensemble des solutions envisagées pour la rédaction de leur accord. Le processus de médiation est terminé. Ensuite, le médiateur rédige les accords de médiation au sein d'un rapport nommé « conclusion de médiation ». Il est envoyé pour signature à Gabriel et Emma ainsi qu'à leurs représentants légaux. Une fois signé par tous, le médiateur transmet le document au juge ou au procureur pour homologation. Si l'accord est validé par l'autorité judiciaire, il prendra la forme d'une ordonnance. Dans le cas inverse, lorsque les parties n'ont pas trouvé d'accord, un rapport succinct est quand même transmis au juge pour expliquer qu'aucun accord n'a été possible. Les médiateurs m'ont déclaré que dans certaines situations, bien qu'ils ne soient pas parvenus à un accord, la participation au processus peut néanmoins apporter autant d'effets bénéfiques aux parties. Par exemple, le simple fait de rétablir la communication peut amener à une forme de soulagement pour les parties.

À la suite de l'accord, quelques mois plus tard, le médiateur vérifie auprès d'Emma si les engagements pris par Gabriel ont été respectés. Dans cette situation, le rapport d'exécution est rédigé par le médiateur et transmis aux autorités judiciaires. Il stipule que Gabriel a respecté l'ensemble de ses engagements.

Potentiel et intérêt de la démarche restaurative

La participation d'Emma et Gabriel au processus qu'offre la médiation directe ne répond pas aux mêmes objectifs que s'ils avaient pris part à un procès classique, organisé par la justice pénale actuelle. La justice restaurative est au cœur de cette démarche, puisqu'elle est centrée sur : comment Gabriel va pouvoir réparer le préjudice causé à Emma pour qu'elle puisse aller mieux ? et non sur : comment l'adolescent va-t-il être puni proportionnellement à la souffrance qu'il a causée à Emma pour ne plus récidiver ?

Ce processus restauratif permet aux adolescents de rétablir une communication qui a été rompue par leur situation problématique. La rencontre est l'opportunité pour les mineurs d'échanger à nouveau, ce qui favorise leur compréhension mutuelle, afin de tenter de résoudre leur conflit. Les mineurs sont les premiers acteurs impliqués dans la recherche de solutions qu'ils estiment les plus adaptées pour tenter de mettre fin au trouble. Lorsqu'ils établissent un accord, ils ressentent un fort sentiment de satisfaction, puisqu'ils ont co-construit et trouvé eux-mêmes les modalités pratiques de régulation de leur conflit. Ils ont le sentiment d'avoir été traités de façon juste, ce qui accroît leur sentiment que la justice a été rendue équitablement. Également, la justice restaurative a permis aux mineurs d'aborder ensemble toutes les conséquences des faits, notamment émotionnelles et relationnelles et d'envisager les caractéristiques des répercussions pour mieux vivre à l'avenir. Ils ont laissé aux autorités judiciaires le règlement des conséquences pénales de l'infraction (sanction et indemnisation) qui sont tournées vers le passé de la faute. La médiation directe a retissé la relation entre Emma et Gabriel en restaurant leur lien, qui était endommagé par les faits. Cette réparation relationnelle favorise plus globalement la recréation du tissu social, elle redonne confiance à la victime pour l'avenir et l'auteur retrouve sa place au sein de la société. Après avoir établi les avantages d'une telle démarche, qu'en est-il désormais des bénéfices individuels de cette rencontre pour Gabriel ?

Les bénéfices pour le mineur infracteur

Il est essentiel de rappeler que Gabriel a accepté de participer à la médiation après avoir été conseillé par son avocat. Sa première motivation était liée à l'enjeu judiciaire. Il souhaitait participer pour « plaire au juge et être tranquille pour la suite ». Avant de participer au processus, l'adolescent était centré uniquement sur ses bénéfices personnels et il n'accordait aucune place à la victime. Pour cette raison, il n'avait aucune empathie pour elle. Pourtant, à la suite de ce processus restauratif, Gabriel a pu tirer d'autres bénéfices que ceux qu'il avait projetés au départ.

Cette rencontre en face à face avec Emma lui a permis de prendre conscience des conséquences de ses agissements, lorsqu'elle lui a exprimé notamment ses sentiments d'angoisse, de colère et de déception. De même, Emma s'est montrée impliquée et déterminée par ses propos préventifs concernant les autres adolescentes, ce qui a également permis à Gabriel de réaliser la gravité de ses actes. Il semblerait que l'écoute de cet échange authentique diminuerait les risques que l'adolescent réitère son acte. Emma, par ses mots, préviendrait de plus une éventuelle récidive. À la suite du discours de l'adolescente, spontanément, Gabriel a perçu le mal qu'il lui avait causé et il s'est excusé sincèrement. Par ce geste réparateur, il admet comprendre ses souffrances et avoue sa responsabilité. Gabriel a ainsi modifié son positionnement puisque, désormais, il se préoccupe d'Emma et fait preuve d'empathie à son égard.

Lors de la dernière étape du processus, qui consiste en une recherche de solutions pour sortir du conflit, Gabriel a souhaité faire quelque chose pour réparer symboliquement Emma. Il a proposé plusieurs engagements. Par cette posture, l'adolescent joue un rôle actif au sein du processus. Il fait preuve de responsabilisation en démontrant ses aptitudes à agir pour régler le conflit. La rencontre devient une opportunité pour lui de se responsabiliser. Le fait que Gabriel établisse un plan d'intention pour réparer la victime est valorisant pour lui et cela accroît son estime de soi. L'adolescent n'est plus réduit seulement à l'acte qu'il a commis et il renvoie une autre image plus positive à la victime et à ses parents. Ce nouveau positionnement lui permet de (re)trouver sa place auprès des membres de sa famille, au sein de la société, ce qui lui (re)donne confiance plus globalement en l'avenir pour se (ré)insérer socialement.

La démonstration dans le cadre de cet ouvrage est orientée vers le mineur infracteur, mais il est évident que les bénéfices du bon déroulement de la médiation restaurative concernent aussi inévitablement la victime.

Les bénéfices pour la victime

La participation d'Emma à ce processus restauratif lui a permis, d'une part, d'exprimer ses émotions et, d'autre part, d'obtenir la réponse à ses interrogations concernant les faits, ce qui l'a soulagée. Au travers de son discours à l'égard de Gabriel, concernant les conséquences de ses agissements, elle a essayé de lui faire prendre conscience de la gravité de ses actes. Par exemple, elle s'est décentrée d'elle-même et elle a introduit dans son argumentaire les autres adolescentes, qui pourraient devenir de potentielles victimes. Ainsi, elle a tenté de le sensibiliser et d'anticiper sur ses futurs agissements pour éviter qu'il ne recommence. Par ce positionnement, Emma fait passer un message de prévention à Gabriel. Elle endosse un rôle de citoyenne, puisque son objectif est d'éviter que d'autres adolescentes revivent la même chose qu'elle plus tard. Pour cette raison, elle renforce sa capacité d'agir concrètement sur le comportement de l'auteur et, plus largement, elle agit pour la société, ce qui est valorisant. Finalement, Emma a obtenu une réparation symbolique de la part de Gabriel puisqu'il s'est excusé et qu'il s'est engagé à respecter les différentes options prévues dans l'accord. Cette démarche a diminué la souffrance psychologique et les sentiments de colère et d'angoisse ressentis par Emma. Par conséquent, elle n'a plus peur de retourner au lycée ou de recroiser Gabriel. Plus globalement, elle est apaisée et peut donc se sentir à nouveau en confiance pour réintégrer la communauté[1].

Les limites de la médiation restaurative directe

La participation à ce processus restauratif n'est néanmoins pas toujours opportune pour les parties et elle peut comporter certaines limites. Les mineurs-auteurs peuvent quelquefois se sentir contraints de participer à une médiation directe, notamment dans le cas où le mandat émane de l'autorité judiciaire ou lorsque leur avocat leur conseille d'y participer. À cela s'ajoute que certains adolescents peuvent éprouver des réticences à participer à la rencontre directe avec leur victime, par crainte d'affronter son discours et ses ressentis. De plus, ils peuvent appréhender d'être identifiés par cette dernière et qu'à la suite du processus elle souhaite se venger. Enfin, parfois, le mineur a déjà bien cheminé concernant les faits et par conséquent, il est passé à autre chose.

Les victimes peuvent, elles aussi, ressentir les mêmes appréhensions concernant la rencontre directe avec l'auteur des faits qu'elles ont subis. La rencontre peut être, en effet, relativement éprouvante psychologiquement et moralement. Pour cette raison, elles peuvent être dans l'incapacité d'y participer, par crainte notamment d'une victimisation secondaire. De plus, concernant le montant du dommage, il peut s'avérer être trop élevé pour pouvoir être réglé lors d'une médiation directe. Les victimes estiment que leur participation est sans intérêt puisqu'elles préfèrent se référer à la procédure classique, en faisant appel notamment à leur

1. Le terme de communauté utilisé ici, renvoie à l'idée de communauté scolaire.

assurance pour régler l'aspect financier. Enfin, certaines victimes ne souhaitent pas entrer au sein d'un processus restauratif car elles estiment que leur participation pourrait s'avérer bénéfique pour l'auteur ; en d'autres termes, grâce à elles, il pourrait bénéficier d'une sanction pénale moins sévère. Évidemment la plus grande limite se trouve dans le refus catégorique de l'une des parties à participer à la rencontre. Ainsi, dans ce cas, la médiation indirecte peut être plus opportune.

3
Acte et parcours

Revenons en France avec la mise en œuvre de la justice restaurative auprès des mineurs. Exemple d'une unité éducative

Un Service Territorial Éducatif de Milieu Ouvert (STEMO) est rattaché à une Unité Éducative de Milieu Ouvert (UEMO). Elle est composée d'une directrice, d'un responsable d'unité éducative, d'une adjointe administrative, de sept à dix éducateurs, d'une assistante sociale et d'une psychologue. Les missions spécifiques de l'UEMO sont déclinées par les textes législatifs, réglementaires et administratifs. C'est ainsi que la note d'orientation du 30 septembre 2014 a défini que le milieu ouvert est « le socle de l'intervention éducative ». Il est garant de la cohérence entre les différentes réponses pénales apportées aux mineurs pris en charge et les dispositifs de droit commun (scolarité, formation, santé, notamment) afin d'assurer la continuité de leur parcours. Les praticiens veillent pour cette raison à leur insertion professionnelle et sociale. Les éducateurs de la Protection Judiciaire de la Jeunesse assurent ensuite le suivi éducatif des mineurs dans le cadre des décisions judiciaires qui leur sont confiées par les magistrats. Ils leur apportent une aide permanente à la décision, notamment à partir des mesures de recueil de renseignements socio-éducatifs et des mesures judiciaires d'investigations éducatives (civiles et pénales). Les éducateurs ont de surcroît une mission de permanence éducative auprès du tribunal, afin de garantir une approche éducative de la situation des mineurs déférés. Enfin, les éducateurs portent une attention particulière à la santé et au bien-être des mineurs (physique et psychique). Ils mettent ainsi tout en œuvre dans le cadre de ces missions éducatives pour prévenir la récidive et favoriser une dynamique de désistance des mineurs.

La pratique de la mesure de réparation pénale devenue le module de réparation de la mesure éducative judiciaire en UEMO

La mesure de réparation pénale a été introduite dans le Code pénal, par la loi du 4 janvier 1993 (article 12-1) de l'ordonnance du 2 février 1945. Depuis le 31 mars 2021, elle est abrogée à la suite de la création du nouveau Code pénal régissant la justice pénale s'appliquant aux mineurs (CJPM). Ce dernier instaure au sein des articles L112-8 à L112-10 et D.112-28 à D.112-33 et D.721-6, un module de réparation (un des quatre modules pouvant être prononcé par la juridiction dans ce cadre de la mesure éducative judiciaire/provisoire) lequel comprend l'activité d'aide ou de réparation et la médiation entre l'auteur et la victime.

Lors de sa création, non seulement il a apporté une réponse supplémentaire aux infractions commises par les mineurs mais encore accordé une nouvelle place aux victimes. Il permet de prendre en compte leurs intérêts spécifiques et constitue une réponse judiciaire nouvelle à leur égard. Désormais, le référentiel des pratiques éducatives de la Protection Judiciaire de la Jeunesse définit le module de réparation comme étant « ordonné par le magistrat lorsque l'inscription dans un processus de réparation ou de médiation répond à la personnalité et à la situation du jeune et, selon la modalité de mise en œuvre retenue, à celles de la victime et à ses attentes ».

Il a comme premier objectif de favoriser le processus de responsabilisation du mineur vis-à-vis des actes commis. En effet, le travail d'accompagnement éducatif de l'éducateur consiste à aider le mineur à prendre conscience de l'inadéquation des actes posés. Un important travail d'élaboration va être mené auprès de l'adolescent afin qu'il puisse comprendre le sens de ses actes et leurs conséquences à l'égard de la victime, de la société et pour lui-même. Le mineur est considéré comme un acteur responsable ayant un potentiel et des compétences qui peuvent être mobilisés.

Lorsque l'adolescent adhère ensuite au module de réparation, c'est-à-dire qu'il en a saisi le sens et l'intérêt en exprimant notamment sa volonté de réparer, il est amené à réfléchir avec l'éducateur à une activité de réparation qu'il souhaiterait réaliser. L'activité de réparation est conçue comme une réparation symbolique à la société, puisque c'est la société dans son ensemble qui a été lésée et à qui il faut offrir une contrepartie. Néanmoins, cette réparation peut devenir très concrète lorsque le mineur réalise une action réparatrice à l'égard de la victime.

L'activité peut être considérée comme l'objet d'une transaction de valeurs, dans laquelle le jeune investit de sa personne pour acquérir une « valeur ajoutée » en termes de reconnaissance sociale de ses qualités, notamment auprès de ses parents, de la victime, de l'éducateur ou des partenaires[1]. L'activité « répare[2] » le regard que le jeune porte lui-même sur ses compétences et potentialités, qui sont mises en valeur dans le cadre de l'activité[3]. En

1. Milburn Philip, *La réparation pénale à l'égard des mineurs*, Paris, Mission de recherche Droit et justice, mars 2002, p. 110.

2. Maryse Vaillant, dans son ouvrage *De la dette au don : la réparation pénale à l'égard des mineurs*, énonce que l'activité réalisée par l'adolescent peut lui permettre de « se réparer en réparant ». Par exemple, lorsqu'il se sent accueilli et respecté par une équipe de travail, ou qu'il se découvre de nouvelles compétences (relationnelles ou techniques). Ainsi, il vit une expérience positive et valorisante qui contribue à cette réparation. Propos recueillis au sein du projet pédagogique du Centre Gacep.

3. Milburn Philip, *Eod. loc.*

définitive, le module de réparation permet à l'adolescent de « restaurer[1] » son lien troublé à la société et il contribue à ce qu'il puisse (re)trouver sa place au sein de son environnement social.

Le cadre juridique

Le caractère modulable de la MEJP (provisoire) permet d'adapter les modalités de prise en charge à la situation du jeune et à son évolution au cours de la procédure. Pour cette raison, elle peut être ordonnée en complément de l'accompagnement éducatif global du jeune par le magistrat, le cas échéant sur proposition du service éducatif compétent : lors du défèrement, dans le cadre du prononcé de la MEJP lors de l'audience d'examen de la culpabilité, dans le cadre du prononcé de la MEJP, au cours de l'exercice de la MEJP, lors de l'audience de prononcé de la sanction ou de l'audience unique, dans le cadre du prononcé de la MEJ (exécutoire) et au cours de l'exercice de la MEJ. Le module de réparation ne peut excéder un an. Le délai dans lequel il doit être exécuté est fixé par la décision judiciaire.

Les différentes formes d'activités de réparation

Au sein d'un STEMO, les éducateurs peuvent pratiquer généralement deux types d'activités de réparation afin de diversifier leur mode de réponse en direction des mineurs. La première est exercée de façon « indirecte » au travers d'activités individuelles ou collectives. La deuxième est qualifiée de « directe ». Néanmoins, la pratique de cette mesure, réalisée au profit des victimes, reste exceptionnelle lorsqu'il s'agit d'une personne physique.

1. Le terme « restaurer » est la finalité vers laquelle la mesure de réparation tend. La restauration procède de la réparation globale du mineur au-delà de la seule réparation matérielle de son acte, il répare également son lien à la collectivité. Elle se concrétise par un échange entre le mineur et les représentants de la société que sont le Juge (représentant l'institution judiciaire), la victime réelle ou présente symboliquement, la famille, l'éducateur (qui représentent des valeurs sociales) et les membres qui encadrent l'activité de réparation (la collectivité), Milburn Philip, *Eod. loc.*

L'activité de réparation indirecte

Dans un premier temps, lorsqu'il est impossible ou non souhaité que la réparation soit engagée vis-à-vis de la victime, le mineur peut réaliser une activité au profit de la collectivité (services publics et collectivités territoriales). Ces institutions publiques représentent symboliquement la société. Par exemple, en réponse aux dégradations d'un préfabriqué de sa commune, durant une journée, Bilel a participé au nettoyage des équipements urbains avec deux agents polyvalents des services techniques de la Mairie.

Le service territorial éducatif de milieu ouvert dispose aussi d'un réseau partenarial diversifié, avec la présence d'associations à vocation humanitaire, sociale et caritative comme par exemple, la Croix rouge, l'association Cœur de France cœur d'Afrique, les restos du cœur, notamment. Ainsi, par exemple, Julien[1] a participé à une journée au sein d'une association à vocation humanitaire pour la remise en état d'ordinateurs, qui ont été envoyés par la suite en Afrique.

D'une manière semblable, la réparation peut également prendre la forme d'une activité pédagogique qui est en lien avec l'infraction commise par le mineur. L'éducateur peut proposer à l'adolescent la réalisation d'un travail de réflexion ou une recherche personnelle qui sera utilisée comme support aux échanges durant les entretiens individuels.

Prenons le cas de Tony : suite à des faits de dégradations commis au sein de son foyer, il a souhaité s'investir dans la réalisation d'un dessin. L'objectif de cet adolescent était, selon lui, de mettre en scène, avec l'aide de plusieurs images, ses pensées « obscures » qui peuvent parfois traverser son esprit et qui sont bien souvent à l'origine de ses passages à l'acte. À cela s'ajoute la

1. Nous avons choisi de modifier les prénoms de chaque jeune au sein des situations que nous évoquons.

possibilité, pour l'équipe éducative, de mener des actions collectives, en réponse aux délits commis par les mineurs dans le cadre des mesures de réparation.

L'activité de réparation collective

Ces actions éducatives sont conduites par plusieurs éducateurs du service qui réunissent plusieurs mineurs, auteurs d'une même infraction ou ayant une problématique commune durant une journée. Différentes thématiques peuvent être abordées comme la violence, les conduites à risque, les dangers d'internet, principalement. En dernier lieu, les éducateurs peuvent aussi réaliser des activités de réparation directe.

L'activité de réparation directe

Elle permet une rencontre entre le mineur auteur et la victime liés par l'infraction. En amont, un travail éducatif est mené par l'éducateur autour de la responsabilisation de l'adolescent et de son désir à agir pour réparer sa faute. Par la suite, le mineur peut proposer une action pour réparer les faits commis à l'égard de la victime. L'adolescent peut, notamment, rédiger une lettre d'excuses pour la victime. Mais une rencontre peut aussi être organisée, donnant lieu à un échange entre l'auteur et la victime. Ensemble, ils peuvent définir les modalités de réparation. Par exemple, le mineur peut s'excuser de vive voix auprès de la victime, mais il peut aussi réaliser des petits travaux, comme tondre sa pelouse ou réparer les dégradations qu'il a commises.

À travers ces différents échanges réalisés avec les éducateurs sur leurs pratiques de l'activité de réparation directe, ces derniers ont confié qu'elles étaient particulièrement rares. En effet, les praticiens établissent une distinction entre une victime qui peut être une personne physique ou une victime qui peut être une personne morale privée ou publique. Dans cette perspective, les éducateurs réalisent fréquemment des activités de réparation, en partenariat avec des services publics comme les collectivités territoriales (mairies) ou des établissements d'enseignement (écoles, collèges et lycées) qui sont des personnes morales de droit public. Ces activités peuvent aussi se faire quelquefois avec des entreprises privées comme des grandes surfaces. Par exemple, dans le cas où un adolescent aurait commis des dégradations, il a la possibilité de remettre en état les dommages occasionnés.

En pratique, les éducateurs de ce service ne se saisissent que très peu de la possibilité de réaliser des réparations avec une victime physique, puisqu'ils privilégient l'usage des réparations indirectes. Pour illustrer ce propos, durant l'année 2018 et l'année 2019, une seule réparation directe a été réalisée à l'égard d'une victime physique[1]. Néanmoins, en complémentarité de l'activité de réparation réalisée par le mineur, certains éducateurs l'accompagnent dans la rédaction d'une lettre d'excuses pour la victime qui est transmise au magistrat. Face à ce constat, une question se pose immédiatement : pour quelles raisons les praticiens exercent-ils si peu cette forme de réparation, qui est pourtant prévue explicitement par les textes ? À la suite de ces constatations, il convenait d'interroger l'ensemble des praticiens de l'Unité afin d'identifier les freins inhérents à la pratique de l'activité de réparation directe.

Les freins à la mesure de réparation directe

En premier lieu, une grande partie des éducateurs estiment que leur action éducative est centrée sur l'auteur et que la prise en charge de la victime dépasserait leur champ de compétence. En effet, les praticiens appréhendent de mettre en lien l'auteur et la victime puisqu'ils supposent que leur rencontre pourrait être « risquée[2] ». Ils se sentent peu compétents face à cette pratique qu'ils qualifient de délicate, difficile, peu courante ou méconnue.

1. Cette donnée statistique a été récoltée par le biais de l'enquête par questionnaire réalisée dans le cadre du mémoire professionnel.

2. Ce terme, comme les prochains cités, ont été recueillis auprès des éducateurs au cours de l'enquête dans le cadre du mémoire professionnel.

Les représentations personnelles des éducateurs semblent faire obstacle au recours à la pratique de l'activité de réparation directe. Ils se représentent souvent la victime comme une personne très en souffrance et ne désirant plus revoir ou entretenir un nouveau contact avec le mineur infracteur. A fortiori, ils émettent des réserves sur le fait que cette intervention puisse être possible pour tous les profils de mineur ou à la portée de toutes les victimes. Il est possible que le manque d'informations et de formation sur le statut et l'état de la victime engendre une méconnaissance et une certaine réticence pour établir un premier contact, voire même pour collaborer avec elle.

En deuxième lieu, les éducateurs (qui envoient des courriers aux victimes, afin de les informer qu'un module de réparation a été ordonné par le juge des enfants, en réponse aux faits commis par le mineur à leur égard et/ou pour établir un premier contact) relatent que, fréquemment, ils n'avaient aucune réponse ou que la victime ne souhaitait pas s'impliquer dans une quelconque démarche. Une éducatrice a déclaré qu'elle n'envoyait plus de lettres aux victimes, à la suite de mauvaises expériences. Plusieurs d'entre elles l'ont appelée, très revendicatives pour obtenir des dédommagements financiers ; d'autres se sont mises en colère lorsqu'elles prenaient connaissance de la réponse pénale ordonnée par le juge des enfants qu'elles qualifiaient de trop laxiste.

A contrario, d'autres éducateurs choisissent volontairement de ne jamais informer les victimes, considérant que « la place de la victime n'est pas pensée » ou pour éviter qu'elle ne se remémore les souffrances subies à la lecture du courrier.

Les travailleurs sociaux s'entendent majoritairement sur l'argument de la temporalité. D'une part, le délai des mesures de réparation directe leur paraît trop court pour mener à bien une telle démarche qui demande une forte implication et une organisation conséquente et, d'autre part, ils estiment manquer de temps pour pouvoir s'investir pleinement dans ce type d'action. Effectivement, le temps du traitement judiciaire peut s'avérer être relativement long, si bien que souvent l'auteur ou la victime sont passés à autre chose.

Pourtant, lors des différents récits des éducateurs concernant cette pratique, elle était auparavant plus présente et fréquente. Depuis une dizaine d'années, elle s'est essoufflée et cela a mené à une déperdition collective. Les deux causes principales sont : premièrement, que les éducateurs ont moins de temps pour réaliser l'ensemble de leurs mesures et, deuxièmement, que la nature des faits évolue concernant les mesures de réparation. Autrement dit, les dommages matériels augmentent, tandis que les atteintes à autrui ou les violences physiques sont plus rares.

Retour sur le récit d'une activité de réparation directe centrée sur la rencontre entre l'auteur et la victime

Ce propos est illustré par une activité de réparation directe réalisée par une éducatrice de l'Unité éducative durant le stage de professionnalisation. Jules était un adolescent âgé de 15 ans, suivi dans le cadre d'une mesure de réparation pour des faits de harcèlement et de violences physiques à l'égard d'un autre élève nommé Pierre. Lors d'un entretien éducatif, l'adolescent a fait part à l'éducatrice de sa volonté de rédiger une lettre à l'intention de la victime et de la lui transmettre. La praticienne a ensuite contacté la mère de la victime, pour lui demander son accord et celui de son fils, concernant la réception de ce courrier. Ces derniers ont répondu favorablement à la demande. Deux semaines plus tard, lorsque l'adolescent a revu son éducatrice, il lui a indiqué son souhait de s'excuser de vive voix auprès de Pierre. De ce fait, elle a demandé à Jules s'il serait d'accord pour qu'elle organise une rencontre, afin qu'il puisse échanger avec l'auteur et exprimer ses excuses. Le mineur a accepté. Elle a donc contacté la mère de la victime pour lui proposer d'y participer et ils ont accepté.

Durant plusieurs entretiens, l'éducatrice a préparé la rencontre avec Jules et elle a associé sa mère au processus. En effet, il est essentiel que les parents soient impliqués et qu'ils soutiennent l'adolescent car, bien souvent, c'est un gage de réussite pour la suite de la mesure. C'est en plus l'occasion pour le mineur de renvoyer à ses parents une autre image de lui-même, en démontrant ses ressources et ses aptitudes à réparer les actes commis. L'éducatrice a ensuite procédé de la même manière avec la victime, qu'elle a rencontrée avec ses parents afin, d'une part, de recueillir leurs attentes et leurs besoins et, d'autre part, pour les préparer à cette rencontre.

L'heure de la rencontre est arrivée, les participants se sont installés en salle de réunion autour d'une table. Immédiatement, l'éducatrice a rappelé le cadre et souligné que seuls les mineurs devaient prendre la parole. Pour cette raison, les parents devaient être en retrait dans une posture d'écoute. Les deux adolescents ont pris la parole à tour de rôle. Lors de cet échange, Pierre a exprimé pour la première fois les conséquences et les répercussions qu'ont eues les actes de Jules dans son quotidien mais aussi sa souffrance. Spontanément, l'auteur s'est excusé et s'est mis à pleurer, en expliquant que lui aussi était victime de harcèlement au collège et qu'il s'en voulait pour le mal qu'il avait infligé à Pierre. À l'issue des échanges, les deux mineurs, passionnés de football, ont décidé d'acter leur réconciliation en organisant prochainement un match avec leurs amis respectifs et c'est ainsi que la rencontre s'est clôturée.

À la fin de l'activité de réparation directe, l'éducatrice a organisé un entretien-bilan avec l'ensemble des participants, pour qu'ils puissent exprimer leurs ressentis, à l'issue de cette expérience vécue. La rencontre a par conséquent été évaluée comme particulièrement satisfaisante et positive pour tous. De plus, la praticienne a confié : « Tout de suite après être sortis de la salle, ils étaient déjà en train de discuter dans le couloir, comme si rien ne s'était passé ». Lors des entretiens éducatifs qui ont suivi cette rencontre, l'éducatrice est revenue sur la révélation de Jules, au sujet des faits de harcèlement dont il aurait été victime. Il a énoncé pour la première fois ce qu'il vivait au sein de son établissement scolaire depuis plusieurs mois. L'éducatrice a pris connaissance de nouveaux éléments qui semblent expliquer les raisons pour lesquelles l'adolescent est passé à l'acte. Par la suite, elle a accompagné Jules jusqu'au dépôt de plainte contre son auteur, en ajoutant : « Un mineur ne peut pas se reconnaître auteur tant qu'il n'a pas été reconnu comme victime ». Ainsi, durant les derniers entretiens, un important travail a été mené autour du harcèlement et de ses conséquences. L'éducatrice a transmis l'ensemble des enseignements tirés de cette rencontre directe qui s'est déroulée dans le cadre de l'activité de réparation qu'elle qualifie de particulièrement marquante, dont la synthèse suit.

La rencontre directe : une expérience humainement riche en faits et émotions

Dans un premier temps, la rencontre entre les deux mineurs a permis de donner lieu à un échange percutant qui a rendu concrète l'existence de la victime. Elle a pu s'exprimer sur ses émotions, ce qui a entraîné une prise de conscience réelle de ses actes et de leurs conséquences par l'auteur. L'adolescent peut plus facilement se mettre à la place de l'autre : « En face t'as quelqu'un qui existe, qui souffre, t'as son regard, c'est hyper culpabilisant ». Cet échange a été bénéfique pour l'auteur, la victime et leurs parents. Ces échanges sont premièrement l'occasion de (re)créer les liens rompus entre les deux mineurs grâce à la mise en place d'un espace de communication mais cela réinscrit aussi les parents de l'auteur dans leur rôle, puisqu'ils sont présents durant tout le processus. Cette intervention éducative n'est pas centrée uniquement sur le mineur, mais elle relie l'ensemble de son environnement. Elle rassemble la victime, les parents du mineur et les éducateurs, qui représentent la justice. La mesure de réparation directe restaure[1] plus globalement le lien social. Deuxièmement, la rencontre participe à un travail de réparation concret qui dépasse le symbolique. Elle permet à l'adolescent de transformer la valeur négative de son acte délictueux en action vertueuse par sa participation à la rencontre et, dans la situation de Jules, par son

1. Au-delà de la seule réparation de son acte, le mineur restaure également le lien qui était rompu par les faits commis, avec les membres de son environnement, notamment la victime et les membres de sa famille.

acte réparateur avec les mots d'excuses. Le mineur véhicule une autre image à l'ensemble des participants, ce qui accroît sa propre estime de soi et le revalorise aux yeux de ses parents.

L'implication du mineur au sein de cette activité de réparation directe suit une logique de responsabilisation. L'adolescent est acteur du processus puisqu'il se positionne comme étant capable d'assumer ses responsabilités à l'égard de la victime. Il exprime par ses agissements, ses compétences personnelles à pouvoir agir concrètement autrement. Il démontre de cette façon qu'il est porteur d'autres qualités qui lui permettent de sortir de l'étiquette stigmatisante de délinquant. Ainsi le mineur peut retrouver confiance plus facilement en l'avenir afin de se réinsérer socialement.

L'éducatrice qui a participé à cette rencontre a partagé les apports de cette expérience pour sa pratique professionnelle. Elle énonce d'abord que cette rencontre lui a permis de traiter la délinquance de façon originale. En effet, selon elle, cette pratique n'est pas habituelle et elle n'a pas endossé le même rôle : « J'étais clairement médiatrice ». Durant la rencontre, elle explique qu'elle n'avait pas la même posture : « J'étais en retrait, à l'écoute des émotions des uns et des autres, j'ai juste aiguillé les échanges, ce n'est pas dans notre habitude quand on est éducateur ». De plus, elle indique que cette discussion entre les parties dépasse le discours moralisateur : « Tu entres dans leurs propres émotions alors qu'un discours tu l'oublies avec le temps, mais ce que tu as ressenti à ce moment-là, tu t'en souviens ». Elle ajoute qu'elle a pris conscience des nombreuses ressources et du courage dont les adolescents ont fait preuve durant la rencontre pour partager l'ensemble de leurs craintes et de leurs souffrances « sans filtre ». Mais surtout, cet échange a été source de réconciliation : « Quand les deux mineurs ont proposé d'organiser un match de football, j'étais bluffée ». Elle souligne que « cette pratique m'a permis en tant que professionnelle de prendre en compte davantage la victime, par la suite, le travail sur l'acte s'en trouve enrichi ». L'éducatrice termine en précisant qu'elle a particulièrement apprécié ce changement de posture : « Quand t'es éducateur tu ne vois pas tout de suite le résultat de ton action éducative sur les mineurs, tu sèmes les graines et t'attends, alors que là, j'ai tout de suite perçu sur les adolescents et leurs parents l'intérêt de mon action, c'est gratifiant, le résultat est immédiat ».

À la suite du récit de cette expérience éducative, l'éducatrice explique que cette activité de réparation directe semble être pour elle une pratique concrète de justice restaurative. En effet, certains des éducateurs de cette équipe considèrent l'activité de réparation comme une mesure de justice restaurative. Ces différentes représentations ont soulevé une série de questionnements et, de ce fait, à la suite des différentes lectures et recherches, il a pu être vérifié si la mesure de réparation pénale était ou non une mesure de justice restaurative.

De la réparation à la restauration

Au préalable, en France, la justice restaurative a été officiellement définie par la loi du 15 août 2014 comme : « Toute mesure permettant à une victime ainsi qu'à l'auteur d'une infraction de participer activement à la régulation des difficultés résultant de l'infraction, et notamment des préjudices de toute nature résultant de sa commission ». Cette définition a pu faire naître chez un grand nombre d'éducateurs PJJ une confusion entre la mesure de réparation directe et la mesure de justice restaurative. Depuis peu, l'inscription de la justice restaurative dans le code de la justice des mineurs au sein de son article L.13-4 offre un nouveau cadre de références juridique, philosophique et méthodologique qui va permettre de clarifier ce qu'est une mesure de justice restaurative pour l'ensemble des professionnels de la PJJ.

La première différence majeure est l'absence de mandat judiciaire puisqu'elle repose sur la libre adhésion des parties. Elle est donc complémentaire, autonome et gratuite vis-à-vis de la procédure judiciaire. En d'autres termes, aucune contrepartie ne peut être attendue par l'implication du mineur infracteur sur le plan pénal. La deuxième distinction capitale demeure que la mesure de réparation pénale est centrée sur l'auteur tandis que la mesure de justice restaurative place en son centre de gravité aussi bien l'auteur que la victime. La dernière dissemblance, fondamentale, se fonde sur la formation supplémentaire, complémentaire et spécifique que doit détenir l'éducateur en devenant médiateur ou animateur de justice restaurative afin de mettre en œuvre cette pratique novatrice. Pour toutes ces raisons, les mesures de justice restaurative ne sont pas des mesures éducatives judiciaires et elles sont à distinguer de la mesure de réparation pénale (appelée désormais module de réparation de la MEJ (à titre provisoire ou exécutoire) et de la médiation pénale.

L'édification, comme principe général, de l'article L.13-4 au sein de la justice des mineurs, semble être une solution particulièrement prometteuse pour lever la plupart des freins associés à la pratique des éducateurs concernant, d'une part, leur capacité à travailler avec la victime et, d'autre part, à lier directement un mineur infracteur et une victime. En effet, lorsque l'éducateur devient médiateur ou animateur de justice restaurative, il n'a plus la moindre appréhension pour organiser ces rencontres grâce à son nouveau savoir-faire. Il capitalise un ensemble de nouvelles connaissances et compétences inhérentes aux bonnes pratiques en matière de justice restaurative. Il serait en outre avantageux au sein des services de la Protection Judiciaire de la Jeunesse de créer davantage de partenariats avec les Associations d'aide aux victimes (fédérées au sein de France-victimes) et avec des Instituts de justice restaurative. Enfin, il serait intéressant que tous les éducateurs reçoivent une information et une formation complète sur le concept de justice restaurative afin, peut-être, d'atténuer leurs réticences.

Au vu de l'ensemble des potentialités que ces mesures restauratives promettent pour le mineur infracteur, la victime et les praticiens, nous avons réalisé l'intérêt de pouvoir mettre en œuvre une mesure de justice restaurative, au sein de tous les services de la Protection Judiciaire de la Jeunesse (PJJ). Les effets positifs décrits précédemment ont inspiré la création du projet d'expérimentation, à savoir : la mise en œuvre d'une conférence restaurative au sein d'une Unité Éducative de Milieu Ouvert.

4
La conférence restaurative : une mesure efficiente, innovante et bien adaptée au mineur infracteur

Lors des différentes recherches et lectures sur les pratiques concrètes de la justice restaurative, connaissance a été prise des *Family group conferences*. Néanmoins, cette dénomination varie selon les pays : elle est nommée Concertation restauratrice en groupe en Belgique et conférence restaurative en France. L'intérêt de cette offre restaurative s'impose puisque de nombreux praticiens estiment qu'elle semble particulièrement adaptée à la délinquance juvénile[1].

Une rencontre à l'audience élargie

La conférence restaurative consiste en une rencontre plus étendue entre la victime et le mineur infracteur, puisqu'elle est ouverte également aux personnes qui sont considérées par la victime et l'auteur comme particulièrement dignes de confiance, ainsi qu'à d'autres personnes impactées par le crime. Elle est organisée par deux animateurs qui réunissent l'ensemble des participants afin d'aborder les conséquences de l'infraction et les caractéristiques des répercussions futures pour tenter de trouver un

1. Cario Robert, *Justice restaurative*, 2022.

accord commun de nature à résoudre le plus possible les dommages causés par l'acte commis[1].

Lors du stage d'immersion au sein du Centre Gacep, l'application concrète de la conférence à l'égard des mineurs belges a été mise en lumière. Selon les praticiens de terrain, son idée générale est d'offrir un espace d'expression et un lieu de gestion concertés à propos des conséquences du délit, et d'envisager les caractéristiques des répercussions, pour mieux vivre à l'avenir. Cette offre restaurative amène chacun à prendre une part active dans la régulation du conflit de nature infractionnelle.

La concertation restauratrice en groupe est apparue comme particulièrement adaptée, riche et innovante pour les mineurs. Elle a donc inspiré le projet d'expérimentation. Cette expérience belge se fonde sur l'établissement de comparaisons entre la Belgique et la France notamment, certaines spécificités liées aux systèmes de valeurs, à la culture et aux pratiques de justice juvénile et de justice restaurative. L'ensemble de la démarche d'immersion et les éléments récoltés ont permis de construire deux hypothèses d'action.

S'appuyer sur la concertation restauratrice en groupe belge, pour créer un projet d'expérimentation au sein d'une Unité éducative de milieu ouvert.

Mettre en place une mesure de justice restaurative, au sein d'une Unité éducative de milieu ouvert, de façon viable, même s'il n'a pas été possible de la tester concrètement pour l'instant.

Pour la viabilité du projet, afin de s'assurer que sa transposition est possible au sein du droit pénal des mineurs, le cadre légal français[2] est pris en considération. Il fallait que ce projet expéri-

---

1. Vanfraechem Inge, Walgrave Lode, Les conférences de groupe familial (Family Group conférences), 2006, p. 155.

2. Pour la mise en œuvre de la conférence restaurative, l'ensemble des conditions énumérées à l'article 10-1 du code de procédure pénale et les orienta-

mental soit balisé par des pratiques réalistes et concrètes de justice restaurative en France. Les professionnels de l'Institut français pour la justice restaurative[1] (IFJR) ont donc transmis un protocole rigoureux réalisé par leur comité scientifique. Il comprend des principes éthiques et méthodologiques qui ont été formalisés par un cahier des charges et un code de déontologie[2]. De façon complémentaire, il apparaissait également fondamental de s'appuyer sur les guides méthodologiques conçus par les professionnels du ministère de la Justice. Ces considérations générales permettent de garantir aux participants un cadre respectueux et sécurisé.

Les objectifs généraux pour le mineur infracteur

La rencontre directe avec la victime et les autres participants est de nature à offrir au mineur une nouvelle façon de gérer un conflit par le rétablissement d'un dialogue entre eux. Ce processus coopératif permet au mineur infracteur de s'exprimer sur les faits commis et d'être à l'écoute des conséquences matérielles, émotionnelles et/ou relationnelles ainsi que sur leurs répercussions à l'égard de l'ensemble des personnes impactées par ses agissements. L'adolescent peut donc prendre conscience du mal causé. Cet espace d'échange stimule par conséquent son désir de réparer : il s'inscrit dans un processus de responsabilisation active en rédigeant un plan d'engagement restauratif tout en étant soutenu par les personnes participant à la conférence restaurative.

---

tions prescrites par le ministère de la Justice au sein de l'article L-13-4 de l'ordonnance du 11 septembre 2019 a été respecté et défini antérieurement ; V. *Supra*, « Le cadre normatif de la rencontre restaurative », p. 40 et s.

1. Cet Institut conçoit ses actions comme étant au service des professionnel(le)s déjà investi(e)s, ou non, dans la mise en œuvre de missions de justice restaurative, des informations complémentaires sont disponibles à cette adresse : http://www.justicerestaurative.org/.

2. Une partie du code de déontologie est disponible publiquement à cette adresse : http://www.justicerestaurative.org/la-deontologie-de-linstitut/.

Les objectifs spécifiques pour le mineur infracteur

Développer une dynamique d'émotion comme la honte réintégrative[1], la culpabilité, l'empathie ; s'impliquer de façon active au sein du processus (théorie d'empowerment[2] : le mineur est placé au cœur de la mesure) ; favoriser une meilleure compréhension des sanctions ; valoriser et accroître son estime et sa confiance en soi ; éviter l'exclusion et la stigmatisation lors de sa (ré)intégration sociale ; éviter la réitération des actes commis à l'avenir (lutte contre la récidive).

Le déroulement d'une conférence restaurative au sein d'une unité éducative de milieu ouvert

Trois phases caractérisent un protocole restauratif[3]. La première est la phase préalable, elle consiste en la signature d'une convention pluri-partenariale locale unissant plusieurs acteurs au sein d'un Comité de pilotage (Copil) qui se réunit à échéances régulières. Les membres du Copil sont non seulement, les représentants institutionnels de la Protection Judiciaire de la Jeunesse, du secteur associatif (instituts de recherche et fédérations d'associations subventionnés par le ministère de la Justice, par

1. La théorie de la « reintegrative shaming » de John Braithwaite énonce que ce qui est « honteux », inacceptable, c'est l'acte commis, mais que la réponse pénale, tout en le sanctionnant, impose la réintégration de toutes les personnes impactées par le crime.

2. Par son rôle actif il pourrait démontrer ses capacités à exercer des choix qui auront des conséquences sur son évolution personnelle, sociale et judiciaire. La conférence restaurative offre des moyens d'agir au mineur puisqu'elle considère qu'il détient un ensemble de compétences individuelles qui pourraient lui permettre d'instaurer un changement pour l'avenir.

3. Ces étapes ont été rédigées en s'appuyant sur les travaux réalisés par l'Institut Français pour la Justice Restaurative et Robert Cario « Grandeurs et vicissitudes de la justice restaurative en France », *op. cit.*, 104 p, ainsi que par les acteurs du Ministère de la Justice « Guide méthodologique de la justice restaurative », Disponible sur < http://www.justice.gouv.fr/publication/Guide_methodologique_JR_2020.pdf, « Guide méthodologique de la justice restaurative pour les mineurs », Disponible sur < http://www.justice.gouv.fr/art_pix/Guide_justice_restaurative_DPJJ.pdf ".

exemple, l'Institut Français pour la justice restaurative) qui concourent au déploiement des mesures de justice restaurative, mais également, le président de la juridiction et/ou des magistrats du siège porteurs du protocole restauratif et le procureur de la République. Comme cela était demandé de longue date dans les territoires, un « magistrat référent justice restaurative », au parquet ou au siège, a été nommé au sein de chaque tribunal judiciaire en métropole et outre-mer, afin qu'il participe au Copil, contribue au développement des programmes et en vérifie la conformité.

À titre consultatif et/ou informatif, les représentants du barreau et/ou d'autres partenaires du secteur associatif ou institutionnel local intéressés par les dispositifs (services de police, gendarmerie, éducation nationale, agence régionale de santé, mairie, mission locale, conseils départementaux, notamment), peuvent être conviés aux réunions du Copil.

Le Comité de pilotage vise à formaliser le cadre de mise en œuvre des mesures de justice restaurative à l'égard des mineurs infracteurs. Au préalable, les membres du Copil local se réunissent afin d'obtenir un consensus entériné par la signature d'une convention partenariale. Elle définit le cadre légal des mesures restauratives, ses objectifs, sa méthodologie, ses règles éthiques et déontologiques, sa temporalité, le rôle de chacun et ses financements, principalement. Par la suite, le Copil veille au suivi du dispositif restauratif conformément aux indicateurs prédéfinis par l'ensemble des partenaires impliqués dans le processus restauratif.

Lors de cette étape, il est opportun de constituer un « Groupe-projet » tel que proposé par l'IFJR et par le guide méthodologique de la Direction de la Protection Judiciaire de la Jeunesse, chargé de la rédaction du cahier des charges qui met à disposition les moyens humains, techniques, logistiques et formatifs nécessaires à la réalisation de la mesure de justice restaurative. En outre, le « Groupe-projet » offre une instance de rencontre, de réflexion et d'échange autour des expériences et des pratiques restauratives. Il convient de souligner que le cahier des charges est strictement homologué par le Copil local après vérification de sa conformité aux conditions et objectifs fixés au sein de la convention restaurative.

En conséquence, le « Groupe-projet » serait idéalement composé de deux membres de l'Institut Français pour la Justice Restaurative, de deux éducateur.trices de la Protection Judiciaire de la Jeunesse devenus animateur.trices de justice restaurative, d'un.e responsable d'Unité éducative de Milieu Ouvert de la PJJ, d'un.e coordinateur.trice de l'antenne de l'IFJR, d'un.e directeur.trice d'un Service Territorial Éducatif de Milieu Ouvert et d'un.e représentant.e des Politiques Institutionnelles de la Direction Territoriale de la PJJ, d'un professionnel d'une Association d'aide aux victimes

Subséquemment, il est impératif de créer un cahier des charges afin d'expliciter précisément chacune des étapes énoncées précédemment. À titre d'exemple, il semblerait fondamental de fixer les modalités concernant le contrôle de conformité de la mesure restaurative par l'autorité judiciaire, la dénonciation d'une infraction, l'évaluation du dispositif, notamment. De surcroît, la rédaction de documents supports qui sont les outils de communication intrinsèquement liés au déroulement du processus restauratif sont également indispensables puisqu'ils relient toutes les étapes et tous les acteurs comme par exemple la « fiche navette animateur-juridiction[1] ».

La deuxième phase est la préparation de tous les participants à la conférence et la dernière phase opérationnelle est celle du déroulement de la conférence elle-même.

Chacune des étapes de ce protocole doit être coconstruite avec les spécialistes de la justice restaurative appartenant aux associations subventionnées en raison de leurs bonnes pratiques au regard des méthodologies appliquées comme, par exemple, l'IFJR, les professionnels de la Protection Judiciaire de la Jeunesse for-

---

1. Ministère de la Justice, Guide méthodologique de la justice restaurative pour les mineurs, Disponible sur < http://www.justice.gouv.fr/art_pix/Guide_justice_restaurative_DPJJ.pdf.

més, afin que tous soient pleinement en adéquation avec les pratiques restauratives. Durant ces trois phases, il est fortement conseillé (plus que souhaitable) que les superviseurs de l'Institut Français pour la Justice Restaurative interviennent auprès de l'éducateur devenu animateur de justice restaurative, pour l'accompagner dans la mise en œuvre de la conférence restaurative et sécuriser sa pratique restaurative en cas de nécessité. Ainsi, tout au long du processus, l'IFJR représente une essentielle « personne ressource » puisqu'il offre, aux membres du groupe projet comme aux animateurs, un espace d'écoute, d'élaboration, de réflexion et d'échange sécurisant.

La démarche déontologique et méthodologique[1] de la mise en œuvre de la conférence restaurative, ainsi que le rôle des animateurs sont identiques en France et en Belgique. Des nuances s'observent face aux dispositions de l'article 10-1 du code de procédure pénale[2]. L'intitulé des mesures de justice restaurative appliquées en France a donc été adapté, par exemple, la concertation restauratrice en groupe (dénomination belge) devient la conférence restaurative (nouvelle appellation française), la dénomination d'animateur remplace celle de médiateur dans le cadre de la conférence restaurative. Ces changements ont été opérés principalement grâce aux travaux de l'IFJR.

S'orienter vers une conférence restaurative

L'orientation des parties vers la conférence restaurative est généralement effectuée soit par l'autorité judiciaire, soit par le service de la Protection Judiciaire de la Jeunesse soit par un professionnel du secteur associatif habilité (infracteur ou victime), chaque fois que les conditions de l'article 10-1 sont réunies, sans filtre aucun de leur part. Les parties elles-mêmes ou leurs proches

1. La démarche méthodologique concerne les différentes étapes décrites *Supra*, p. 40 st s. : « l'entretien de présentation de la médiation restaurative » jusqu'à « l'exposé des faits et leurs répercussions futures et la déontologie est identique à celle définie au sein de la partie « les entretiens préparatoires ».

2. V. *Infra*, « le cadre normatif de la rencontre », p. 111.

peuvent aussi en faire la demande. Lors de cette première étape, dans l'hypothèse où un service territorial éducatif de milieu ouvert a signé une convention partenariale locale avec l'IFJR au travers de ses antennes réparties sur le territoire national, deux possibilités sont offertes.

Dans le premier cas, un éducateur de l'Unité éducative a été formé par l'École Nationale de la Protection Judiciaire de la Jeunesse, par les Pôles Territoriaux de Formation, ou par l'IFJR pour devenir référent de justice restaurative au sein du service. De ce fait, le praticien capitalise un ensemble de savoirs de base concernant la philosophie et les principes de la justice restaurative. Cette connaissance du cadre et des enjeux de ce nouveau concept va lui permettre d'informer et de présenter concrètement aux mineurs infracteurs, à leurs parents ainsi qu'à l'ensemble des membres de l'équipe éducative, le concept de justice restaurative et les différentes mesures[1]. Ce nouveau rôle de référent en justice restaurative lui confère une interdiction de divulguer les informations dont il a été dépositaire et, de ce fait, le praticien signe un accord de confidentialité.

Dès qu'un éducateur d'un service souhaite proposer à un adolescent ou à la demande de ce dernier ou toute autre personne, la possibilité de participer à une mesure restaurative, il sera orienté vers l'éducateur devenu référent de justice restaurative au sein de l'UEMO. Ensuite, après que le référent ait informé et présenté la mesure restaurative au mineur, et si l'adolescent souhaite poursuivre la démarche, le référent en justice restaurative le dirige vers un animateur-médiateur de justice restaurative spécialement formé qui s'occupe des prochaines étapes du processus.

1. V. Informations complémentaires sur ces modules : http://www.justicerestaurative.org/les-mesures-de-justice-restaurative/et https://offre-fc.enpjj.fr/fiche-formation/pratiquer-justice-restaurative-1.

Dans le deuxième cas, un éducateur du service a souhaité suivre les modules[1] de formation, dispensés par l'Ecole Nationale de la Protection Judiciaire de la Jeunesse ou par l'Institut Français pour la Justice Restaurative. Il aura ainsi reçu un certificat attestant son statut supplémentaire, soit de tiers indépendant, terme choisi par la PJJ, soit d'animateur ou de médiateur vocable employé par l'IFJR. Cette reconnaissance lui permettra de mettre en œuvre des mesures de justice restaurative.

Après l'orientation des parties vers les animateurs ou médiateurs, selon la mesure restaurative choisie, ils se mettent en lien avec les futurs participants afin de recueillir leur consentement.

Le recueil du consentement des participants

Les animateurs de rencontres restauratives prennent contact avec le mineur infracteur, ses représentants légaux ainsi qu'avec la victime et, le cas échéant, de ses représentants légaux, en les invitant à un premier entretien de présentation. Si les deux parties acceptent, cette première rencontre permet de leur expliquer concrètement ce qu'est la conférence restaurative et de recueillir ou non leur accord de principe pour entrer dans la démarche. Pour les prochaines étapes, partons de l'hypothèse que les parties ont donné leur accord pour participer à une conférence restaurative.

L'examen de l'éligibilité des participants à une conférence restaurative par le Copil local

Au sein du Comité de pilotage local siège, notamment, l'autorité judiciaire qui assure une mission de contrôle de la conformité de la conférence restaurative, en vertu des dispositions contenues à l'article L 13-4 du CJPM, lequel renvoie expressément à l'article 10-1 du CPP. Concrètement, l'Autorité judiciaire vérifie que les 5 conditions posées par la Loi du 15 août 2014 sont remplies :

1. Informations complémentaires sur ces modules : http://www.justicerestaurative.org/formation-le-parcours-de-formation-des-animateurs-de-rencontres-restauratives/#

information complète, reconnaissance des faits, consentement des parties, animateurs spécialement formés et confidentialité du processus restauratif envisagé.

Dans le même temps, le magistrat vérifie, par exemple, l'absence d'interdiction judiciaire pouvant faire obstacle aux contacts entre les parties associées à la mesure de justice restaurative. Dans le cas hypothétique où le mineur infracteur aurait une interdiction de rencontrer la victime, ce qui ferait obstacle à la réalisation de la conférence restaurative, une demande de mainlevée totale ou partielle de cette interdiction peut être demandée et accordée par le juge référent de la procédure, chaque fois qu'elle s'inscrit dans l'intérêt supérieur des participants, directement liés par l'infraction.

Une « fiche navette d'information[1] » pourra être envisagée, à cet effet, entre la structure et la juridiction. Au sein de cet outil figurent essentiellement l'identité et les coordonnées de l'autre partie à contacter, mais aussi, le stade procédural, les qualifications juridiques des faits. Lorsque les conditions de mise en œuvre de la conférence restaurative sont effectivement remplies, les deux animateurs procèdent à des entretiens individuels de préparation.

Le Copil local ainsi que le juge référent de la procédure du mineur infracteur ayant validé l'entrée des participants à la conférence restaurative, la prochaine étape est donc celle des entretiens individuels préparatoires menés par les deux animateurs-médiateurs spécialement formés.

Les ateliers préparatoires : naissance des échanges

Avant que ne débute la rencontre, les parties ont besoin de plusieurs entretiens individuels afin de se préparer au mieux pour

1. Ministère de la Justice, Guide méthodologique de la justice restaurative pour les mineurs Disponible sur justice.gouv.fr/art_pix/Guide_justice_restaurative_DPJJ.pdf.

cette dernière. Il est recommandé que les animateurs-médiateurs organisent au moins trois entretiens individuels avec chaque partie et de les espacer d'une à deux semaines afin de laisser un temps de réflexion aux parties face à leurs questionnements ou concernant la formalisation de leurs attentes[1].

Lors de ces ateliers préparatoires, Robert Cario souligne au sein de son dernier ouvrage *Grandeurs et vicissitudes de la justice restaurative en France,* la sagacité, le bien-fondé voire la nécessité absolue d'appliquer les principes et la méthodologie de l'approche relationnelle proposée par Serge Charbonneau et Catherine Rossi, afin de tendre vers la pleine efficience de ces « ateliers de communication »[2]. Cette finalité n'est atteignable que si les animateurs-médiateurs restauratifs appliquent consciencieusement quatre principes.

Le premier principe est de rendre possible le dialogue entre le mineur infracteur et la victime. Au regard du droit positif français, les aspects indemnitaires, sanctionnels et cliniques ne sont pas centraux puisque d'autres instances non-restauratives y pourvoient.

Concomitamment, ce postulat met en avant le second principe qui repose sur une méthodologie spécifique : « le dialogue ». Il apparaît particulièrement complexe pour les participants de mettre en mots et/ou de transmettre, avec justesse, leurs synesthésies, leurs sentiments, leurs perceptions, tant à l'égard des animateurs qu'à celui, essentiel, de l'autre partie. « De valeur symbolique forte, la parole socialise la vengeance éventuelle, sans interdire pour autant la manifestation d'émotions fortes comme la colère, la peur, la tristesse ou la joie (…). Chacun peut s'investir dans le dialogue, assumant pleinement son droit à la parole

1. Préconisation des professionnels de l'IFJR au sein du protocole.

2. S. Charbonneau, C. Ross, La médiation relationnelle, *Ibid.*, p. 77 et s.

comme son devoir d'écoute, favorisant par là l'intercompréhension de tous[1] ». L'animateur qui promeut la parole, offre au mineur infracteur et à la victime une authentique reconnaissance de leur liberté d'être, de leur individualité, de leurs souffrances, à la suite du crime commis ou subi. « C'est par le regard de l'autre que l'humanité se réalise, c'est par la grâce du toi que le moi s'éveille à nouveau[2] ».

Le troisième principe de l'approche relationnelle exige la préparation des participants au sein d'ateliers de communication[3] encore appelés ateliers préparatoires. Durant cette étape, les animateurs accompagnent le mineur infracteur et la victime sur leur propre chemin restauratif. « Accompagner, c'est se joindre à quelqu'un pour aller où il va en même temps que lui qui reste le seul à savoir ce dont il souffre ; seul à connaître la direction dans laquelle il faut chercher afin de débusquer les nœuds cruciaux, y faire face et tenter de les résoudre. Le tout à un rythme qui ménage fatigue physique et psychique car redire, c'est refaire, c'est revivre[4] ».

La préparation des participants ne peut être menée à bien qu'à la condition sine qua non que les animateurs-médiateurs soient spécifiquement formés par l'ENPJJ et/ou par l'IFJR, ce qui les conduit au respect du quatrième et dernier principe, cardinal, de l'approche relationnelle : « la posture ».

Pour ce faire, non seulement, l'animateur s'inscrit dans une analyse partagée de sa pratique avec ses confrères mais encore, il apparaît primordial de souligner l'intérêt pour lui (et les participants) de s'appuyer sur les instances de supervision animées par les professionnels de l'IFJR.

Ces ressources visent à améliorer la qualité des principes de l'approche relationnelle inhérents aux ateliers de communication que sont : le dialogue, la préparation des participants et la posture

1. Cario Robert, *Ibid.*, p. 57.

2. La médiation relationnelle, *op. cit.*, p. 77 et s.

3. *Eod. loc.*

4. *Eod. loc.*

des animateurs. En d'autres termes, il s'agit d'assurer la plus grande cohérence possible entre les conditions légales, la méthodologie relationnelle enseignée et les pratiques restauratives. En somme, ces ressources analysent, ajustent et perfectionnent constamment le socle de compétences des animateurs-médiateurs (et des participants), par la mise en commun de leur savoir, de leur lecture du déroulé du processus restauratif et par leurs retours d'expérience croisés par le regard de l'autre. Par voie de conséquence, « L'animateur est invité à se considérer comme « incompétent », « non-sachant » relativement à la manière dont chaque personne constituant la dyade restaurative a pu vivre l'événement infractionnel[1] ».

Les quatre principes de l'approche relationnelle étant précisés synthétiquement, il convient désormais d'illustrer leur mise en œuvre au sein des ateliers de communication. Avant toute chose, rappelons que si le métier d'éducateur repose sur un ensemble de savoirs théoriques et d'actions, ce professionnel de la relation devra sortir de son propre système de normes et de références, afin d'exercer le plus justement possible son nouveau rôle d'animateur en justice restaurative. Cette (dé)construction transitoire de sa posture éducative vers sa nouvelle mission restaurative est indispensable, tant pour les futurs participants, que pour le professionnel lui-même, afin d'être pleinement efficiente et sécurisante pour tous.

Les outils de l'approche relationnelle au sein des ateliers de communication

Durant les ateliers de communication, le médiateur est centré sur la personne qu'il accueille sincèrement en tenant une posture d'attention positive et de congruence. Le premier outil de l'approche relationnelle qu'il exerce auprès des participants est l'écoute attentive différente de l'écoute active ou réflective. À titre d'exemple, le praticien est convié à ne « jamais quitter la

1. La médiation relationnelle, *op. cit.*, p. 77 et s.

personne, à demeurer en mode avion (...), il se gardera toujours de reformuler les propos de la personne en dialogue avec lui, tout au plus et avec beaucoup de parcimonie, il en fera l'écho[1] ». La qualité d'une telle attitude favorise un climat de confiance et d'ouverture.

Par la suite, le médiateur restauratif s'appuie sur le second outil relationnel lorsqu'il convie l'une des parties « à partir en exploration en profondeur[2] », afin qu'elle puisse s'exprimer de façon authentique sur son vécu de l'événement infractionnel ainsi que sur toutes les émotions qui l'ont traversé pendant et après cet antécédent temporel précis. Mais encore, le praticien accompagnera la personne vers la mise en mots la plus juste possible de ses motivations et de ses attentes concernant la conférence restaurative. Cette exploration profonde offre à chaque participant la possibilité de (re)penser et de verbaliser précisément ce qu'il souhaite communiquer à l'autre partie. Lors de ce dialogue exploratoire, le médiateur met à profit un autre outil de l'approche relationnelle qui est la scénarisation de l'échange potentiel[3].

Durant ce dialogue, il est primordial que le médiateur invite chacune des parties au potentiel cheminement qu'offre le synopsis de la rencontre restaurative, sans aucune suggestion cependant. Pour ce faire, il les conduit à envisager les scénarios possibles tels que l'éventuelle absence de réponse, voire d'une réponse différente ou négative de l'autre participant afin d'anticiper, d'une part, toute frustration particulière et, d'autre part, sa réponse verbale et émotionnelle. Il amène ainsi la personne à se projeter dans la rencontre, en soulignant que sa participation peut être émotionnellement éprouvante à certains moments. Ces quatre piliers de l'approche relationnelle passés en revue sont les garde-fous d'une pratique conforme aux principes et aux valeurs de la justice restaurative.

---

1. La médiation relationnelle, *op. cit.*, p. 77 et s.

2. *Eod. loc.*

3. La médiation relationnelle, *op. cit.*, p. 77 et s.

Il convient à nouveau de prendre l'exemple d'Emma et Gabriel en le réadaptant. Imaginons que lors des entretiens préparatoires ils aient émis le souhait d'être accompagnés par d'autres personnes. Pour cette raison, les animateurs ont évalué que leur participation à une conférence restaurative serait la plus judicieuse. Dans ce cadre, les différentes étapes de cette mesure restaurative se déroulent majoritairement et conformément à la même méthodologie préparatoire et avec les principes de l'approche relationnelle précédemment développés.

Le déroulé d'une conférence restaurative

Les ateliers de communication ont été importants pour eux, puisqu'ils ont permis d'obtenir des renseignements complémentaires et des réponses concrètes à leurs interrogations. Les adolescents ont été rassurés avant la rencontre. Le médiateur est là pour accompagner chaque participant dans ses attentes spécifiques pour que les échanges se déroulent dans les meilleures conditions. Par exemple, les parties ont proposé au médiateur de réaliser le début de la médiation sans la présence de leurs parents. En effet, au vu des caractères personnel et intime des faits, les mineurs avaient besoin de s'exprimer de façon libre et authentique, ce qui aurait été sans doute plus compliqué en présence de leur famille. Le médiateur a transmis leurs souhaits aux parents qui ont accepté leur proposition. Ces ateliers sont aussi l'occasion pour le médiateur de réaliser que les attentes des parties sont finalement contraires. Il peut donc décider de ne pas organiser de rencontre au regard d'un potentiel risque pour les parties. Ainsi, il doit leur faire part de son constat et parfois interrompre le processus. Finalement, le médiateur a expliqué clairement le cadre et les étapes de la rencontre ainsi que l'ensemble des règles à respecter.

De la même manière, tous les autres participants potentiels sont préparés par les deux animateurs afin de connaître leur motivation personnelle pour participer à la conférence.

Lors de cette étape, les animateurs demandent au mineur de réfléchir aux personnes qui pourraient l'aider et le soutenir dans sa démarche : ses parents, les membres de sa famille, son administrateur ad hoc, un professeur, un voisin, l'éducateur référent du mineur, un avocat, un ami, notamment, parce qu'il ressent à leur égard une confiance particulière.

Les représentants légaux de l'adolescent doivent être particulièrement vigilants quant au choix de ces personnes dignes de confiance puisqu'elles l'aideront à rédiger ses engagements et l'accompagneront à les respecter pour l'avenir. Leur rôle apparaît ainsi primordial puisqu'ils vont contribuer à la réussite du dispositif. Dans le cas où les parents du mineur sont identifiés comme personnes-ressource, ils sont (re)valorisés et (ré)impliqués dans leur rôle de parents, ce qui leur permet de se responsabiliser davantage à l'égard de leur enfant. Cette étape peut être l'occasion de (re)tisser le lien parent-enfant qui a pu être abîmé par le passage à l'acte. La participation des personnes dignes de confiance peut permettre au mineur infracteur de se consolider un réseau social qui s'inscrira de façon pérenne au-delà de la conférence restaurative, puisqu'elles ne manqueront pas de l'accompagner et de veiller à son évolution positive.

De façon similaire, les animateurs proposent à la victime d'identifier les personnes qui pourraient l'accompagner et l'épauler pendant la rencontre. Il peut s'agir du conjoint, de parents, d'un ami, d'un intervenant social, d'un thérapeute, d'un avocat notamment, qui participeront à la conférence, non pas en vertu de leur qualité professionnelle intrinsèque, mais parce qu'elles constituent aux yeux de la victime des personnes particulièrement dignes de confiance.

Le vestibule restauratif : avant la rencontre plénière

Le médiateur a recontacté Gabriel et Emma après les entretiens préparatoires pour les informer, d'une part, que la rencontre allait se dérouler au sein du Centre Gacep et, d'autre part, pour que chacun puisse proposer une date et un créneau horaire. Ils ont convenu de se rencontrer le vendredi 1er mars 2019. Le jour du rendez-vous, Emma est accueillie la première à 9h00. Puis, elle est dirigée dans une pièce pour patienter avant l'arrivée de Gabriel qui est prévue à 9h30. Dès son arrivée, il est également accompagné pour attendre dans une autre salle. Cette organisation permet, d'un côté, aux adolescents de ne pas se croiser avant l'échange en face à face, ce qui peut les aider à diminuer leurs angoisses ou leur peur. D'un autre côté, cela permet au médiateur de les revoir individuellement avant la rencontre, afin de vérifier s'ils sont prêts. Il leur énonce qu'ils peuvent compter sur sa bienveillance et son soutien en cas de besoin. Par exemple, si l'un des participants ressent un sentiment d'anxiété, le médiateur va tout mettre en œuvre pour le rassurer pour la rencontre plénière.

Dès lors que les participants se déclarent prêts et acceptent de prendre part à la conférence restaurative, ils formalisent une nouvelle fois leur accord par écrit pour participer à la conférence restaurative.

La phase opérationnelle de la conférence restaurative

Emma et Gabriel sont invités par le médiateur à entrer dans une salle neutre offrant les garanties de confidentialité et d'espaces sécurisants en fonction du nombre éventuellement important de participants. Elle doit être adaptée aux besoins des participants, par exemple, ils peuvent définir leur place et la configuration de la salle. Ils sont libres de se placer où ils le souhaitent en s'asseyant autour d'une table ronde. La durée d'une rencontre est très flexible puisqu'elle s'adapte aux besoins des participants. Elle peut être comprise entre quarante-cinq minutes et plus de deux heures.

Dans le cadre de la conférence restaurative, au contraire de la médiation restaurative, au moment de la rencontre, la présence des personnes dites « ressources » joue un rôle important pour l'auteur et la victime.

La conférence restaurative réunit la victime, le mineur infracteur, leurs personnes dignes de confiance et les personnes impactées par les faits commis. Elle permet donc d'impliquer toutes les personnes qui souhaitent être mobilisées dans la gestion concertée du conflit. Elle est introduite par l'un des animateurs selon la même méthodologie que celle détaillée précédemment.

Dans un premier temps, la parole est donnée au mineur infracteur qui présente les circonstances du passage à l'acte. La victime partage ensuite avec l'auteur l'impact de ces agissements, que ce soient des conséquences d'ordre émotionnel, relationnel, physique et/ou matériel de l'acte et des répercussions qui perdurent. Les autres participants prennent à tour de rôle la parole pour faire part de leurs ressentis. Ces échanges sont l'occasion pour les participants d'évoquer de manière détaillée toutes les répercussions que l'acte a provoquées chez eux. Il est effectivement indéniable qu'au-delà de la personne victime directe, les faits commis concernent également toutes les personnes présentes.

La prise de parole peut être formalisée par la détention d'un « bâton de parole », destiné à mieux organiser le débat car celui qui tient le bâton oblige les autres participants à l'écouter sans l'interrompre. À l'issue de cette phase d'échange, le mineur infracteur et ses personnes dignes de confiance se retirent dans une autre salle.

La préparation du plan d'engagement restauratif par l'auteur et ses personnes-ressource

Lors de cette étape, les personnes qui accompagnent l'adolescent jouent un rôle fondamental. Premièrement, elles l'aident à prendre du recul et à réfléchir aux faits commis, à leurs multiples conséquences et répercussions. Deuxièmement, elles l'accompagnent dans la formulation de plusieurs pistes de solutions qui vont lui permettre de rédiger son plan d'engagement restauratif. La durée de cet échange varie en fonction de l'importance des conséquences et des répercussions de l'acte commis. Elle est généralement comprise entre vingt et trente minutes.

Le plan d'engagement restauratif contient les propositions que l'adolescent est prêt à mettre en œuvre et à respecter pour l'avenir, autour de trois axes. La première série d'engagements concerne la victime : « Que puis-je mettre en place pour réparer les conséquences et les répercussions des faits pour la victime, en tenant compte des attentes formulées par celle-ci ? Et qui peut m'y aider ? » Il peut s'agir d'une réparation émotionnelle et/ou relationnelle, d'une activité de réparation (travail au profit de la victime pour réparer le dommage causé) et notamment d'une présentation d'excuses circonstanciées.

La deuxième série d'engagements se rapporte aux autres personnes impactées par les faits commis : « Que puis-je faire pour réparer le tort causé à ces personnes ? Qui s'engage à me soutenir ? »

La troisième série d'engagements est plus personnelle, elle concerne l'avenir du mineur infracteur : « Que puis-je mettre en place pour ne plus être en situation de commettre un nouveau fait délictueux ? Qui peut m'aider à ne plus recommencer ? » Cette démarche amène l'adolescent à identifier les difficultés qui ont pu favoriser l'émergence de son passage à l'acte. Ses proches l'accompagnent dans son cheminement. Il peut donc chercher comment y remédier et prendre des engagements allant dans ce sens, comme par exemple : mieux choisir ses fréquentations, reprendre sa scolarité, reprendre une activité de loisir, respecter les règles fixées par ses parents, accepter une aide médicale et/ou psychologique afin de gérer ses consommations de produits stupéfiants ou toute autre difficulté.

Le mineur infracteur doit proposer des engagements qui soient réalisables. Les personnes dignes de confiance évaluent leur faisabilité pour éviter qu'il ne soit en difficulté et qu'il les tienne à l'avenir. Cette démarche nécessite un investissement important de la part de l'adolescent. Les engagements concrets qu'il souhaite tenir n'activent pas simplement son sens de la responsabilité pénale mais ils expriment également ses capacités à admettre son comportement déviant devant l'ensemble des participants. Il démontre, par la rédaction de son plan d'engagement restauratif, son désir d'amorcer un changement pour l'avenir. Par ce positionnement, l'adolescent affirme sa responsabilité personnelle et sociale, il ne serait pas seulement « responsable de » mais « capable de », ce qui génère chez lui une authentique responsabilisation. À la fin de cette étape, l'adolescent et ses personnes dignes de confiance rejoignent la victime et les autres participants au sein de la séance plénière.

Présentation du plan d'engagement restauratif à tous

Le mineur présente au « groupe victime » son plan d'engagement restauratif et les participants réagissent. Concernant les engagements que le mineur propose à l'égard de la victime, celle-ci peut les accepter, ce qui donne lieu à « un accord restauratif ». En cas de désaccord, une nouvelle négociation peut éventuellement s'entamer afin de trouver un consensus. À défaut, la procédure classique reprend son cours.

Rédaction de l'accord restauratif

L'un des deux animateurs rédige l'accord restauratif qui contient les engagements définitifs acceptés par la victime et l'adolescent. Cet accord est signé par ces derniers et, le cas échéant, leurs représentants légaux.

L'accord restauratif est communiqué au magistrat compétent pour homologation[1] selon la phase de la procédure en cours. Après la rencontre, l'animateur précise que des entretiens séparés avec l'adolescent, ses parents et la victime sont proposés dans un bref délai (deux à trois semaines) afin d'établir un bilan de la rencontre. Cette étape comporte deux enjeux : le premier est

---

1. Les propositions formulées ne portent que sur les répercussions du délit, en aucun cas sur ses conséquences (sanction, indemnisation). Le contrôle de l'autorité judiciaire est un strict contrôle de conformité, V. *Supra*, « Le cadre normatif de la rencontre restaurative », p. 40 et s.

d'évaluer la rencontre pour chaque participant et le deuxième détermine si un autre accompagnement est plus adapté ou nécessaire.

Évaluation de la conférence restaurative

Avant la rencontre, il est proposé aux participants de remplir un questionnaire destiné à recueillir leurs attentes et leurs besoins. Quelques mois plus tard (entre quatre et six mois), les deux animateurs se chargent de vérifier la bonne exécution des engagements pris. Ils contactent l'adolescent, la victime, ainsi que les personnes qui se sont portées volontaires pour soutenir le mineur afin qu'ils respectent leurs engagements.

La phase d'évaluation marque la fin de la conférence restaurative et elle est incontournable puisqu'elle va permettre de mesurer, au travers de différents indicateurs[1], si la conférence restaurative a atteint les résultats et les objectifs fixés, au niveau des participants et des animateurs-médiateurs de justice restaurative.

Concernant l'évaluation du mineur à l'issue de la conférence (à moyen terme, six mois environ), des évaluateurs indépendants pourront mesurer l'impact que la conférence restaurative a pu avoir sur l'adolescent en contactant, par exemple, son entraîneur sportif et/ou son conseiller principal d'éducation. Lors de la vérification du respect du plan d'engagement restauratif auprès du mineur et de ses personnes de soutien, l'évaluateur pourra repérer si, depuis la rencontre, son comportement a évolué de façon favorable ou non. Il pourra également prendre contact avec l'éducateur de la PJJ référent de l'adolescent et avec ses parents, afin d'évaluer son comportement depuis la conférence restaurative, dans le respect de la confidentialité. Par exemple : est-ce que le mineur honore tous les rendez-vous fixés par son éducateur ? Est-ce qu'il arrive à l'heure ? Est-ce qu'il a commis de nouveaux délits ? Quel est son comportement au sein du domicile avec ses

---

1. Ils sont déterminés dès la phase de construction du projet de justice restaurative par le Copil local. Ils s'appliquent aux programmes et aux mesures mis en œuvre.

parents ? Est-ce qu'il continue sa scolarité/sa formation ? Est-ce qu'il a repris une formation ? Où en est-il dans ses consommations de produits toxiques ? A-t-il diminué ? A-t-il repris une activité extrascolaire, notamment ? L'ensemble de ces indicateurs permettront également à l'évaluateur de mesurer la récidive de l'adolescent, après sa participation à la conférence restaurative.

Concernant l'évaluation des éducateurs formés à l'animation, ils devront, d'une part, remplir une grille d'évaluation et d'analyse qui leur permettra de réajuster leurs actions et d'améliorer leurs pratiques pour les prochaines rencontres. D'autre part, ils évalueront si cette nouvelle posture professionnelle leur apporte d'autres savoir-faire et compétences qui leur permettent de déployer leur agir professionnel : est-ce que cette nouvelle mission me fait progresser dans ma mission d'éducation ? Est-ce que je perçois de nouvelles mutations relationnelles, communicationnelles, principalement dans mes actions éducatives ? Est-ce que cette nouvelle mission renforce mon sentiment d'efficacité professionnelle ou redonne du sens à mes actions éducatives ordinaires ?

Au sein du guide méthodologique de la justice restaurative édité par la DPJJ figure de façon plus précise et détaillée plusieurs modèles d'évaluation sur lesquels il est possible de s'appuyer et/ou de s'inspirer pour évaluer la conférence restaurative. Toujours selon cet indispensable mémento, les données doivent être récoltées sur une échelle territoriale donnée (département, région, ressort de tribunal judiciaire ou de cour d'appel, etc.) et sur un laps de temps déterminé (la plupart peuvent être arrêtées à la clôture d'une mesure, chaque début d'année pouvant être l'occasion de compiler les données de l'année précédente).

Par voie de conséquence, l'évaluation est un outil de perfectibilité des programmes de justice restaurative afin de rendre compte à la société de ses bénéfices, mais surtout, elle permet de ne conserver que les pratiques les plus prometteuses et d'écarter les mauvaises pratiques.

Conclusion

Ce projet de création d'une conférence restaurative a vu le jour auprès des missions éducatives observées, inspirées, puis, expérimentées en France et en Belgique. Cette recherche est guidée par l'étude de la pratique de la mesure de réparation pénale directe (qui s'intitule désormais module de réparation de la mesure éducative judiciaire) et sa comparaison avec les mesures de justice restaurative. Néanmoins, malgré l'existence d'un arsenal législatif et réglementaire conséquent, les travailleurs sociaux pratiquent encore très peu les mesures restauratives. Cependant, ils disposent dorénavant de l'article L-13-4 du code de la justice pénale des mineurs, conformément à l'article 10-1 du code de procédure pénale, qui leur offre la possibilité de mettre en œuvre des mesures de justice restaurative aux seules conditions qu'ils soient formés pour devenir médiateurs ou animateurs de justice restaurative et qu'ils s'appuient sur un protocole strict garantissant une importante préparation de l'ensemble des participants.

Le protocole mis en place dans le cadre de cet ouvrage démontre qu'il est désormais possible et viable de l'appliquer dans tous les services de la Protection Judiciaire de la Jeunesse puisqu'il est compatible d'une part, avec le cadre législatif français et, d'autre part, avec leurs missions.

L'achèvement de ce livre répond à plusieurs objectifs comme essentiellement celui d'ouvrir une réflexion sur l'intérêt voire la nécessité d'implanter ce nouveau modèle de justice au sein de la

Protection Judiciaire de la Jeunesse, mais aussi, celui de présenter, par une partie théorique et plus concrète, les bénéfices que pourrait offrir la justice restaurative à la Protection Judiciaire de la Jeunesse, aux éducateurs, aux mineurs, aux victimes (et à leurs famille et/ou proches), aux membres de la communauté et à la société tout entière.

Cette nouvelle forme de justice est une innovation dans la réponse pénale, puisqu'elle offre la possibilité aux personnes de gérer elles-mêmes leur conflit. Elle leur permet, par une rencontre, d'aborder le mal causé et elle ouvre une réflexion pour trouver les meilleures solutions, afin de mieux vivre à l'avenir. Ce processus restauratif mène à une pleine restauration et à un apaisement de l'auteur mineur et de la victime. La justice restaurative introduit une dimension psychoéducative à la réponse pénale. Autrement dit, elle traite l'auteur avec beaucoup de respect et de soutien, grâce notamment à la présence de ses parents tout au long du processus et/ou de ses personnes de soutien.

Cette démarche permet à l'adolescent de prendre conscience concrètement des répercussions de ses actes, afin qu'il puisse s'inscrire dans un processus de responsabilisation. Dans cette perspective, il peut intérioriser plus facilement qu'il appartient à la communauté humaine et il est accompagné vers l'établissement d'un diagnostic, qui révèle ce qui a pu le mener jusqu'aux faits commis et de ce qu'il va devoir engager pour ne plus réitérer de tels actes. Ce processus restauratif permet ainsi de prévenir la récidive. La justice restaurative favorise pleinement la réintégration de l'auteur mineur, puisqu'elle recrée le lien social qui a été endommagé, suite à l'infraction entre l'auteur mineur, la victime, ses parents et plus globalement la société. La justice restaurative favorise ainsi profondément l'inscription du mineur vers une dynamique de désistance.

Aujourd'hui, la justice restaurative peut être pour les mineurs un modèle complémentaire très prometteur. Bien qu'elle n'en soit pour le moment qu'à ses prémices, elle semble connaître une réelle impulsion en France, et notamment au sein de la justice juvénile. Le 10 janvier 2019, la Protection Judiciaire de la Jeunesse a mené une phase d'expérimentation sur le territoire national au sein de dix services. Dans le même temps, un Comité de pilotage national a été créé pour œuvrer autour d'une réflexion commune pour savoir comment instaurer des mesures de justice restaurative au sein de la PJJ. Durant l'année 2021, à l'issue de ces expérimentations, un bilan a été réalisé par le service de l'évaluation, de la recherche et du contrôle (SERC). Cet état des lieux restauratifs a permis de confirmer l'intérêt de ce nouveau mode de régulation des conflits grâce à la création d'un cadre de référence, de principes méthodologiques et déontologiques.

Pour toutes ces raisons, l'École Nationale de la Protection Judiciaire de la Jeunesse (ENPJJ) s'est attelée à soutenir son épanouissement par le déploiement de plusieurs journées thématiques d'information et de sensibilisation à l'égard de tous les acteurs de la justice des mineurs, qu'elles soient dispensées au sein du site central ou dans les Pôles Territoriaux de Formation (PTF). Mais surtout, elle offre un parcours de formation qui s'adresse aux éducateurs (ou tout autre professionnel judiciaire) qui souhaiteraient devenir animateur ou médiateur de justice restaurative au sein d'un module de base de 36 heures et de plusieurs modules complémentaires.

Au vu de l'ensemble des bénéfices énoncés tout au long de ce livre et de son appropriation progressive dans le champ socio-judiciaire, il est à espérer profondément que le rôle, les missions et les pratiques des éducateurs de la Protection Judiciaire de la Jeunesse puissent évoluer. La création du code de la justice pénale des mineurs avec son nouvel article L-13-4 devrait nous permettre d'accéder à de nouveaux chemins balisés qui restent à être modelés par la volonté de tous les acteurs de la justice des mineurs désireux d'éprouver des pratiques audacieuses, innovantes et puissantes.

Nous restons persuadés que la mise en œuvre des pratiques de justice restaurative à l'égard des mineurs s'inscrit dans la continuité de nos missions éducatives, dans la mesure où nous accompagnerons toujours les adolescents mais d'une façon novatrice et nous continuerons d'œuvrer pour leur assurer le meilleur avenir possible, empreint de responsabilité, d'apaisement et d'intégration sociale.

L'ensemble de ces bénéfices ne sont-ils pas au cœur de nos actions éducatives quotidiennes ?

Bibliographie sélective

CARIO Robert, ***Justice restaurative : principes et promesses***. Paris, L'Harmattan, 2005, 145 p.

CARIO Robert, ***La justice restaurative en France : une utopie créatrice et rationnelle,*** Paris, L'Harmattan, 2020, 144 p.

CARIO Robert, ***Grandeurs et vicissitudes de la justice restaurative en France.*** Paris, L'Harmattan, 2021, 104 p.

CHARBONNEAU Serge et ROSSI Catherine, ***La médiation relationnelle, Rencontres de dialogue et justice réparatrice***, Paris, L'Harmattan, 2020, 198 p.

CHARBONNEAU Serge, **Justice réparatrice et justice des mineurs : considérations sur l'objet et enjeux pour la pratique,** In CARIO Robert, V*ictimes : du traumatisme à la restauration, Œuvre de justice et victimes volume 2.* Paris, L'Harmattan, 2001, pp.257-269.

GAILLY Philippe, ***La justice restauratrice,*** Bruxelles, Éditions Larcier, 2011, 471 p.

MACRAE Allan, ZEHR Howard, ***The little book of Family Group conferences New Zealand Style, a hopeful approach when youth cause harm***, Pennsylanie, Good Books, 2004, 76 p.

MILBURN Philip, ***La réparation pénale à l'égard des mineurs***, Paris, Mission de Recherche Droit et justice, mars 2002, 171 p.

QUIVY Raymond et VAN CAMPENHOUDT Luc, ***Manuel de recherche en sciences sociales,*** 5e éd., Paris, Dunod, 2017, 383 p.

STUZMAN AMSTUTZ Lorraine, ***The little book of Victim Offender Conferencing. Bringing Victims and Offenders Together in Dialogue,*** Pennsylvanie, Good Books, 2009, 89 p.

VAILLANT Maryse, ***De la dette au don***, Paris, ESF éditeur, 1994, 238 p.

ZEHR Howard, Préface de Robert CARIO, ***La justice restaurative : pour sortir de l'impasse de la logique punitive***, Genève, Labor et Fides, 2012, 97 p.

ENCYCLOPÉDIE JURIDIQUE

CARIO Robert, *Justice restaurative,* Paris, Dalloz, 2é éd. mai 2018, 42 p. ; 3 éd., janvier 2022, 70 p.

ARTICLES DE REVUES

REVUES PROFESSIONNELLES

BASTE MORAND Louise, « **La réparation pénale** », In *Les cahiers dynamiques*, 2014, n°59, pp. 61-67.

CARIO Robert, « **Justice restaurative : principes et promesses** », In *Les cahiers dynamiques*, 2014, n°59, pp. 24-31.

CARIO Robert, « **Justice restaurative et droit pénal des mineurs** », In *Les cahiers dynamiques*, 2014, n° 59, pp. 41-50.

CARIO Robert, POTTIER Philippe, BELLUCI Sabrina, « **La justice restaurative vise à apaiser l'auteur et la victime** », In *Actualités sociales hebdomadaires*, mars 2016, n° 2953, pp. 32-33.

CARIO Robert, SAYOUS Benjamin, « **La justice restaurative dans la réforme pénale : de nouveaux droits pour les victimes et les auteurs d'infractions pénales** », In *Actualité juridique pénale*, octobre 2014, n° 10, pp. 461-466.

Conseil de l'Europe – **26e conférence des ministres européens de la Justice (Helsinki, 7-8 avril 2005), « Résolution n° 2 relative à la mission sociale du système de justice pénale – justice réparatrice** », In *Journal du droit des jeunes,* avril 2014, n° 334, 16 p.

CREMIERE Marine, « **Justice restauratrice : une voie trop ignorée** », In *Journal du droit des jeunes,* avril 2014, n° 334, pp. 9-15.

FILIPPI Jessica, « **Autour de la médiation et de la concertation restauratrice en groupe (CRG)** », In *Les cahiers dynamiques*, 2014, n° 59, pp. 112-120.

DACHY Aurore, « **L'offre de concertation restauratrice en groupe : « une *adolescence en mal de vivre*** », In *Journal du droit des jeunes,* avril 2014, n° 334, p. 26-38.

FILIPPI Jessica, « **Restorative justice for Young Offenders : An Analysis of the French Circular Confronting at European and National Legal Perspective** », In ***UCL Journal of Law and Jurisprudence***, 2018, pp. 142-162.

JACQUOT Stéphane, « **Et si la justice réparatrice devenait la nouvelle réponse pour limiter une récidive ?** », In *Les cahiers de la sécurité*, juin 2012, n° 20, pp. 96-98.

LAMBIN Sandrine, « **Modifier l'enfermement des mineurs : deux expériences historiques** », In *Journal du droit des jeunes,* avril 2014, n° 334, pp. 39-45.

LECOMTE Jacques, « **Les multiples effets de la justice restauratrice** », In *Journal du droit des jeunes,* avril 2014, n° 334, pp. 17-23.

MBANZOULOU Paul, « **Les rencontres détenus-victimes : une expérience française de justice restaurative** », In *Les cahiers de la sécurité*, mars 2013, n° 23, pp. 83-90.

MEDINA Philippe, DUPUY Geneviève, CHAVANES Sophie, « **Les actions collectives auprès des adolescents dans le cadre des mesures de réparation pénale** », In *Journal du droit des jeunes,* avril 2014, n° 334, pp. 24-25.

MILBRUN Philippe, « **La réparation à l'égard des mineurs : éléments d'analyse sociologie d'une mesure de justice restaurative** », In *Archives de politique criminelle,* janvier 2002, n° 24, pp. 147-160.

MOUGLI Khaddouj, « **Itinéraire bis** », In *Les cahiers dynamiques*, 2014, n° 59, pp. 71-81.

MOYERSOEN Joseph, « **Chronique d'une justice restaurative au-delà des frontières** », In *Les cahiers dynamiques*, 2014, n° 59, pp. 96-103.

RABUT-BONALDI Gaëlle, « **La mesure de justice restaurative, ou les mystères d'une voie procédurale parallèle** », In *Recueil Dalloz,* janvier 2015, n° 2, pp. 97-103.

REZENDE MELO Eduardo, **« Justice juvénile restauratrice à São Caetano do Sul/SP** », In *Les cahiers dynamiques*, 2014, n° 59, pp. 104-111.

RONGE Jean-Luc, « **La justice restauratrice et les projets de loi** », In *Journal du droit des jeunes,* avril 2014, n° 334, p. 15.

SAUTREAU Nathalie, « **La mesure de réparation** », In *Les cahiers dynamiques*, 2014, n° 59, pp. 68-75.

VANFRAECHEM Inge, WALGRAVE Lode, « **Les conférences de groupe familial (Family Group conferences** », In *Les cahiers de la justice*, printemps 2006, n° 1, pp. 154-173.

WALGRAVE Lode, ZINSSTAG Estelle, « **Justice des mineurs et justice restaurative** », In *Les cahiers dynamiques*, 2014, n° 59, pp. 32-40.

REVUES

BELLUCCI Sabrina, « **Justice restaurative : les premières rencontres entre victime et détenus** », In *Lien Social*, mai 2011, n° 1020, pp. 22-23.

CARIO Robert, « **Les rencontres détenus-victimes : humanité et apaisement** », In *Dedans-Dehors,* Septembre-Novembre 2012, n° 77-78, pp. 56-50.

GAILLY Philippe, **« Quelques réflexions concernant les offres restauratrices selon le code de la prévention, de l'aide à la jeunesse et de la protection de la jeunesse »**, In *Journal du droit des Jeunes*, avril 2019, pp. 5-11.

FILIPPI Jessica, « **Sensibilisation des éducateurs français aux démarches de la justice restaurative (JR) : de la réticence à l'acceptation de la victime** », In *Journal du droit des Jeunes (Belgique)*, mars 2016, n° 353, pp. 50-54.

FILIPPI Jessica, **« La justice restaurative des mineurs en France. Une approche dans une perspective juridique et scientifique »**, In *Journal du Droit des Jeunes (Belgique),* 2018, pp. 19-29.

JOURNET Nicolas, « **Juger sans punir : une justice pour demain ?** », *Sciences humaines*, 2012, n° 241, p. 24-29.

GUIDES MÉTHODOLOGIQUES

MINISTÈRE DE LA JUSTICE, **Guide méthodologique de la justice restaurative,** Disponible sur < http://www.justice.gouv.fr/publication/Guide_methodologique_JR_2020.pdf (consulté en 2020).

MINISTÈRE DE LA JUSTICE, **Guide méthodologique de la justice restaurative pour les mineurs,** Disponible sur http://www.justice.gouv.fr/art_pix/Guide_justice_restaurative_DPJJ.pdf (consulté en 2022).

PAGES INTERNET

DIRECTION DE L'INFORMATION LÉGALE ET ADMINISTRATIVE DE LA VIE PUBLIQUE, **Loi du 23 mars 2019 de programmation 2018-2022 et de réforme pour la justice**. Disponible sur <https://www.vie-publique.fr/actualite/panorama/texte-discussion/projet-loi-programmation-2018-2022-reforme-pour-justice.html> (consultée le 21 octobre 2018).

ÉCOLE NATIONALE DE LA PROTECTION JUDICIAIRE DE LA JEUNESSE, **Grand-Centre : colloque sur la justice restaurative,** Disponible sur <http://www.enpjj.justice.fr/grand-centre-colloque-sur-la-justice-restaurative> (consultée le 21 octobre 2018)

ÉCOLE NATIONALE DE LA PROTECTION JUDICIAIRE DE LA JEUNESSE, **La justice restaurative des mineurs : quelle place aujourd'hui ?** Disponible sur <http://www.enpjj.justice.fr/la-justice-restaurative-des-mineurs-quelle-place-aujourd%E2%80%99hui > (consultée le 5 novembre 2016).

ÉCOLE NATIONALE DE LA PROTECTION JUDICIAIRE DE LA JEUNESSE, **Retour sur la journée d'étude sur la justice restaurative**, Disponible sur < http://www.enpjj.justice.fr/retour-sur-la-journ%C3%A9e-d%E2%80%99%C3%A9tude-sur-la-justice-restaurative (consultée le 27 octobre 2016).

Fédération Nationale des Assesseurs près les tribunaux pour enfants, FILIPPI Jessica et RONGE Jean Luc, « La justice restaurative dans les faits », Disponible sur http://fnapte.fr/la-justice-restaurative/ (Consultée le 23 Juillet 2019).

FILIPPI Jessica, **Quelles mesures de justice restaurative au bénéfice des mineurs ?,** Actes du colloque international francophone, 18 janvier 2017, Disponible sur <http://www.justicerestaurative.org/quelles-mesures-de-justice-restaurative-au-benefice-des-mineurs/> (consultée le 21 octobre 2018).

INSTITUT FRANÇAIS POUR LA JUSTICE RESTAURATIVE, **Le parcours de formation des animateurs de rencontres restauratives,** Disponible sur <http://www.justicerestaurative.org/formation-le-parcours-de-formation-des-animateurs-de-rencontres-restauratives/> (consultée le 3 novembre 2018).

INSTITUT FRANÇAIS POUR LA JUSTICE RESTAURATIVE, **Qu'est-ce que la justice restaurative** ?, Disponible sur <http://www.justicerestaurative.org/formation-le-parcours-de-formation-des-animateurs-de-rencontres-restauratives/> (consultée le 3 novembre 2018)

MINISTÈRE DE LA JUSTICE, **Synthèse du rapport sur la mise en œuvre de la loi du 15 août 2014 relative à l'individualisation des peines et renforçant l'efficacité des sanctions pénales,** Disponible sur <http://www.justice.gouv.fr/publication/rap_loi_15082014_synthese.pdf> (consultée le 21 octobre 2018).

UNICEF, **The little book of Restorative justice,** Disponible sur <**https://www.unicef.org/tdad/littlebookrjpakaf.pdf**> (consultée le 3 novembre 2018).

UNICEF, **La Convention internationale relative aux droits de l'enfant,** Disponible sur <**https://www.humanium.org/fr/texte-integral-convention-internationale-relative-droits-enfant-1989/**> (consultée le 10 novembre 2018).

LOIS, CIRCULAIRES, ARTICLES

MINISTÈRE DE LA JUSTICE, **Loi n° 2014-896 du 15 août 2014 relative à l'individualisation des peines et renforçant l'efficacité des sanctions pénales, Journal officiel, n° 0189** du 17 août 2014.

MINISTÈRE DE LA JUSTICE, **Ordonnance n° 2019-950 du 11 septembre 2019 portant partie législative du code de la justice pénale des mineurs.**

MINISTÈRE DE LA JUSTICE, **Circulaire du 15 mars 2017 relative à la mise en œuvre de la justice restaurative applicable immédiatement suite aux articles 10-1, 10-2 et 707 du code de procédure pénale. Journal officiel, n°2017-03 du 31 mars 2017.**

MINISTÈRE DE LA JUSTICE, **Articles 10-1 du code de procédure pénale relatif à la mise en œuvre de la justice restaurative, Journal officiel, n° 2017-03 du 31 mars 2017.**

RAPPORTS

MATHIEU Géraldine, MIRAD Julia, VAN KEIRSBILK Benoit, « **Déjudiciarisation et justice restauratrice : l'expérience de la justice juvénile en Belgique** », In *ALTERNATIVE WAY TO ADRESS YOUTH,* Rapport belge DEI-Belgique, septembre 2017, 52 p.

BULLETIN D'INFORMATION STATISTIQUE

MAINAUD Thierry, « **Justice des mineurs : les mesures alternatives renforcent la réponse pénale et les peines dont la prison ferme, ne font pas exception »,** Paris, ministère de la Justice, In *Infostat justice*, n° 147, janvier 2017, 8 p.

SÉMINAIRE MANUSCRIT

Intervention de BIROT Alain, « **La justice restaurative applicable aux mineurs »,** Séminaire International AGIS, Vaucresson, 16 et 17 janvier 2006.

DOCUMENTS AUDIOVISUELS

[**Comme un bruit qui court**], Émission de radio réalisée par ANQUETIL Giv, CHAO Antoine, PERRY Charlotte, Diffusée le 3 juin 2017, Paris, France Culture, écoutée le 20 octobre 2017, Disponible sur https://www.franceinter.fr/emissions/comme-un-bruit-qui-court/comme-un-bruit-qui-court-03-fevrier-2018.

Émission de radio réalisée par ANQUETIL Giv, CHAO Antoine ; PERRY Charlotte. Diffusée le 3 février 2018, France Culture (écoutée le 20 octobre 2018). Disponible sur <https://www.franceinter.fr/emissions/comme-un-bruit-qui-court/comme-un-bruit-qui-court-03-juin-2017>

CONFÉRENCES

CITOYEN et JUSTICE, WALGRAVE Lode, **Asseoir et développer une justice restaurative ambitieuse et réaliste,** Disponible sur **https://www.youtube.com/watchv=yah5cGpgPZY&list=LLj6iUO1JeakGPg7wdbk1GZQ&index=1**> (écoutée le 3 novembre 2018).

CITOYEN et JUSTICE, **Accompagnement innovant et justice restaurative,** Disponible sur <https://www.youtube.com/watchv=yah5cGpgPZY&list=LLj6iUO1JeakGPg7wdbk1GZQ&index=1> (écoutée le 3 novembre 2018).

CITOYEN et JUSTICE, **DOSSIER SPÉCIAL/2e conférence Européenne sur la justice Restaurative,** Disponible sur https://www.citoyens-justice.fr/news-fr/2017/12/15/dossier-special-2eme-conférence-europeenne-sur-la-justice-re.html> (écoute de l'ensemble des vidéos le 17 novembre 2018).

LITTÉRATURE GRISE

BEAUBEAU Anastasia, **Les cercles de détermination de la sanction : processus de** responsabilisation et de développement des émotions sociales, [Mémoire éducateur], Lille, Université de Lille 3, juin 2016, 84 p.

Table des matières

2. Pratiques restauratives

3. Acte et parcours

4. La Conférence restaurative

Structures éditoriales du groupe L'Harmattan

L'Harmattan Italie
Via degli Artisti, 15
10124 Torino
harmattan.italia@gmail.com

L'Harmattan Hongrie
Kossuth l. u. 14-16.
1053 Budapest
harmattan@harmattan.hu

L'Harmattan Sénégal
10 VDN en face Mermoz
BP 45034 Dakar-Fann
senharmattan@gmail.com

L'Harmattan Cameroun
TSINGA/FECAFOOT
BP 11486 Yaoundé
inkoukam@gmail.com

L'Harmattan Burkina Faso
Achille Somé – tengnule@hotmail.fr

L'Harmattan Guinée
Almamya, rue KA 028 OKB Agency
BP 3470 Conakry
harmattanguinee@yahoo.fr

L'Harmattan RDC
185, avenue Nyangwe
Commune de Lingwala – Kinshasa
matangilamusadila@yahoo.fr

L'Harmattan Congo
219, avenue Nelson Mandela
BP 2874 Brazzaville
harmattan.congo@yahoo.fr

L'Harmattan Mali
ACI 2000 - Immeuble Mgr Jean Marie Cisse
Bureau 10
BP 145 Bamako-Mali
mali@harmattan.fr

L'Harmattan Togo
Djidjole – Lomé
Maison Amela
face EPP BATOME
ddamela@aol.com

L'Harmattan Côte d'Ivoire
Résidence Karl – Cité des Arts
Abidjan-Cocody
03 BP 1588 Abidjan
espace_harmattan.ci@hotmail.fr

Nos librairies en France

Librairie internationale
16, rue des Écoles
75005 Paris
librairie.internationale@harmattan.fr
01 40 46 79 11
www.librairieharmattan.com

Librairie des savoirs
21, rue des Écoles
75005 Paris
librairie.sh@harmattan.fr
01 46 34 13 71
www.librairieharmattansh.com

Librairie Le Lucernaire
53, rue Notre-Dame-des-Champs
75006 Paris
librairie@lucernaire.fr
01 42 22 67 13

www.ingramcontent.com/pod-product-compliance
Lightning Source LLC
LaVergne TN
LVHW051352061026
849535LV00009B/3147